Bergbau am Altenberg bei Elben

Oliver Glasmacher

Bochum 2011 / 2. Auflage 2014

Vorwort zur 2. Auflage.

Da sich bei der Recherche zu Artikeln über andere Erzgruben im Kreis Olpe weitere Informationen fanden, die für diesen Aufsatz wichtige neue Erkenntnisse darstellten, wurde eine Überarbeitung notwendig. So konnten Theorien und Schlussfolgerungen die sich als nicht richtig herausstellen korrigiert und weitere wichtige Hinweise eingearbeitet werden.

Wesentliche Ergänzungen entstanden zur Geschichte der Gruben an der Sange, den Wilsmicker Gruben und dem Schwerspatabbau als letzte Betriebsperiode am Altenberg.

Dezember 2014   Der Verfasser.

Einleitung

In Nachbarschaft zu den Gruben an der Rhonard in Olpe handelt es sich beim Altenberg um ein wichtiges Montanrevier im Großraum Olpe. Hier wurde der begehrte Stahlstein gewonnen, der zur Herstellung von Klingen bis ins Rheinland gehandelt wurde. Dazu wurden auch auf drei Gruben am Altenberg Wasserkünste eingesetzt. (siehe Bild 1).

An Literatur zur Erforschung dieses Montanreviers wurden die Aufsätze von Norbert Scheele, Franz Sondermann, Horst Ruegenberg und Karl Heinz Kaufmann recherchiert und mit den Akten verglichen. Vor allem Norbert Scheele hat viele alte Quellen recherchiert und den für Olpe und Umgebung relevanten Teil in den Heimatstimmen veröffentlicht. Diese Informationen waren sehr wichtig für die vorliegende Arbeit. Der Verfasser stand aber auch vor dem Problem, dass die vielen interessanten Informationen Lücken aufwiesen. Insgesamt waren in der vorliegenden Literatur Widersprüche, was auf falsche Interpretationen zurückzuführen ist.

Da es dem Verfasser schwerfiel, sich anhand der vorliegenden Quellen ein klares Bild zu machen, war dies der Anlass, alles einmal gründlich zu recherchieren und zusammenzufassen. Es wurden auch bisher nicht erfasste Quellen durchgearbeitet, um die komplette Geschichte der Grube Altenberg bei Elben darzustellen.

Bedanken möchte sich der Verfasser bei den Mitarbeitern in den Archiven und Bibliotheken.

Widmen möchte ich diesen Artikel Mario und Nicole Watzek. Gemeinsame Forschungen haben den Verfasser zu diesem Artikel motiviert.

Glück Auf!

Abb. 1: Lage des Montanrevieres am Altenberg.
Daten von OpenStreetMap - Veröffentlicht unter ODbL

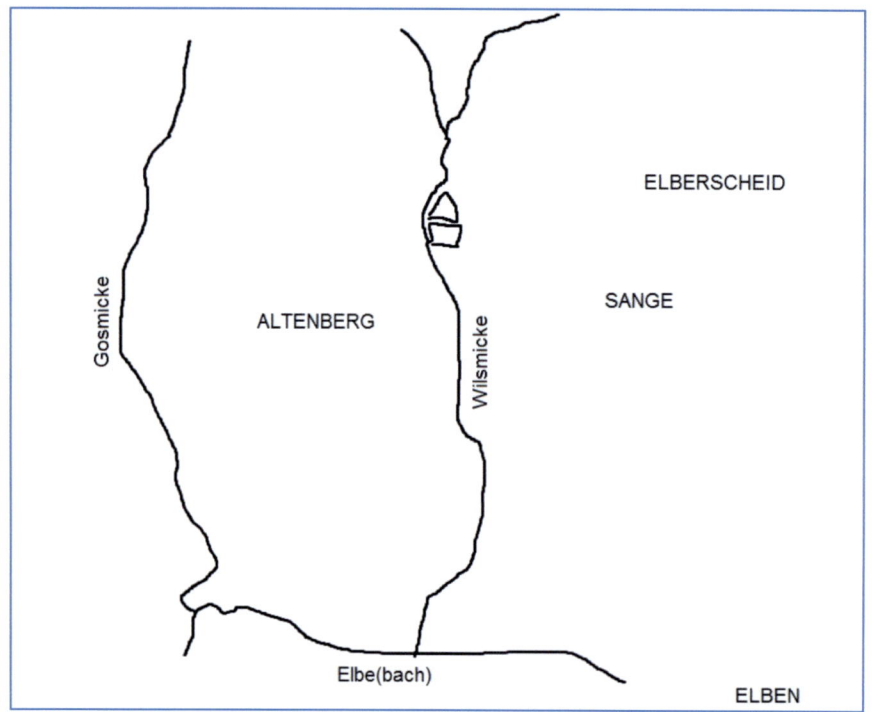

Abb. 2: Übersichtsskizze der Umgebung des Altenbergs.

Die Flur „am alten Berge"

Der Altenberg ist eine Anhöhe nördlich des Elbebaches zwischen Elben, Thieringhausen und Gerlingen. Im Westen wird er vom Tal der Gosmicke begrenzt, im Osten von der Wilsmicke. Beide Bäche fließen dem Elbebach zu, welcher den Altenberg im Süden begrenzt. Gegenüber der Wilsmicke liegt die sogenannte Sange (siehe Bild 2).

Bergmännisch interessant waren die am Altenberg aufsetzenden Gänge, in denen Erzmittel vorkommen. An einigen Stellen verdrängt Kupferkies den Eisenstein. Die Erzgänge treten teilweise parallel auf. Dann sind sie wieder in verschiedene Richtung zerrissen. Diese Gänge gehören zum sogenannten Altenberger Gangzug. Die Hauptstreichrichtung des Altenberger Gangzuges ist nordwestlich-südöstlich. Die Gänge fallen mit 40-50 °nach Süden bzw. Südwesten ein.[1]

Im Mittelalter ging der Abbau wahrscheinlich vornehmlich auf Eisenerze um, welche auf dem Ausbiss dieser Gänge im Mittelalter im Tagebau gebrochen und zum Verhüttungsplatz im Tal der Wilsmicke gebracht wurden, wo sie zerkleinert, ausgeklaubt, geröstet und dann verschmolzen wurden. Den Verhüttungsplatz hat Hans Sönnecken nachgewiesen. Er befand sich oberhalb des heutigen Angelteiches am Zusammenfluss der Wilsmicke mit einem Nebenbach. Der Ort war ideal, denn Erze, Holz und Wasser waren in der Nähe zu beschaffen. Der Hüttenplatz konnte durch Kugeltopfscherben in das 11.-13.Jahrhundert datiert werden[2] (siehe Bild 3).

Aufgrund des hohen Mangananteiles eignete sich hervorragend für die Herstellung von Klingenstahl und wurde als Stahlstein gehandelt.[3]

GRUBEN AM ALTENBERG

Baptistenzeche

Nach einem Gutachten von Gerling 1867[4] war das beste Vorkommen des Altenberger Gangzuges die im nordöstlichsten Teil des Altenberges gelegene „Baptistenzeche", die schon im 17. Jahrhundert unter dem Namen "Meusers Stahlspatgrube" betrieben wurde (siehe Bild 4).

Nachdem alle Erze bis zum Grundwasserspiegel abgebaut waren, war diese Lagerstätte durch einen aus dem westlichen Seitental, an der Gosmicke, angesetzten Stollen bereits entwässert worden. Nachdem die Erze bis auf das Niveau dieses Stollens abgebaut worden waren, wurde das Grubenwasser in einem saigeren Wasserhaltungsschacht gehoben und es konnten unter dem Stollenniveau die Erze abgebaut werden.

Bis 1761 mussten für die Wasserhaltung in dieser Grube täglich 25-30 Arbeitskräfte schuften[5]. Diese waren vermutlich damit beschäftigt, Handpumpen zu betreiben oder mit Eimerketten, das Wasser aus der Grube zu schaffen. Auf Rat des nassauischen Bergmeisters Johann Heinrich Jung aus Littfeld baute der Kommerzienrat Meuser unter großen Kosten auf dem Altenberg im Jahre 1761 eine Windkunst. Ähnlich einer Windmühle wurde der Wind zum Antrieb eines Windrades benutzt um einen Pumpen-Mechanismus im Schacht anzutreiben. Da jedoch der Wind nicht gleichmäßig blies und auch schonmal ausblieb, lief die Pumpe sehr unregelmäßig. Der Wasserzufluß war aber stets gleichmäßig stark, sodass häufige Wasserprobleme die Folge waren[6].

Also erbaute Meuser eine neue Kunst. Da das Wasser nicht direkt am Bergwerk zur Verfügung stand, wurde sie im Tal des Elbebaches genutzt. Die drehende Kraft eines Wasserrades wurde mittels einer Stangenkunst als hin und her Bewegung bis zum Schacht hoch auf den Berg übertragen. Dafür wurde die Kunst nun 3000 Fuß, also etwa 900 m lang[7] (siehe auch Bild 5).

Diese Wasserkunst lief 10 Jahre zuverlässig. Dann war der Abbau so tief gekommen, dass die Wasserzuflüsse zu stark wurden. Die Kunst wurde abgestellt und die Grube lief wieder voll Wasser. Um hier weiter Abbau betreiben zu können, war ein tieferer Stollen nötig, um das Wasser auf diesem Wege ablaufen zu lassen. Dafür übernahm Meuser den Vortrieb des stillstehenden Molitor Grundstollen der Molitorzeche (siehe dort). Er wollte ihn bis zu seinem Schacht weitertreiben. Noch 1791-1795 zahlte Meuser die fälligen Rezessgelder für die „Grube Paptistenzeche" an das Bergamt[8]. Dann fiel das Grubenfeld ins Freie und der Stollen blieb unvollendet.

Am 17. September 1803 wurde das Bergwerk unter dem Namen Baptistengrube mit einer Fundgrube und 4 Maßen an Bernhard Weber verliehen.[9]

Die Molitorzeche

Johann Baptist Molitor wurde 1743[10] als „Fürstenbergscher Rentmeister und Bergdirekteur"[11] angestellt und kümmerte sich damit um die Gruben des Freiherrn Christian Franz Dietrich von Fürstenberg. Dieser hielt ihn für diese Aufgabe sehr geeignet und besaß seinerzeit neben Abbaurechten an Gruben im Raum Müsen und Silberg und anderen Gruben auch ein Bergwerk auf dem Altenberg[12].

Nach ihm ist das Bergwerk "Molitorzeche" benannt worden. Am 30.12.1747 wurde das Bergwerk einschließlich Stollengerechtigkeit an Molitor und Consorten verliehen. Mitgewerke war Johann Jacob Weber.

Unter Molitor wurde um 1750 ein „tiefer Grundstollen" im Elbebachtal angelegt. Dieser Stollen sollte dem Altenberg und vor allem der Molitorzeche die Wasserlösung bringen. Bei 60 m Länge blieb das Werk jedoch wegen der hohen Kosten um 1753 unvollendet. Molitor fiel bei Fürstenberg in Ungnade und wandte sich vom Bergbau ab und der Augenheilkunde zu[13]. Dann wurde der Stollen um 1780 von Meuser (siehe Baptistenzeche) unter dem Namen „Meusers Erbstollen" nochmals eine große Strecke weitergebaut, blieb aber auch unvollendet (siehe Bild 6). [14]

Ab 1799 übernahm der Freiherr von Brabeck die Grube. Er mutete die Eisensteingrube "der Molitorschacht genannt" und den darauf angesetzten Stollen am 13. September 1800. Die Verleihung auf eine Fundgrube und 4 Maßen wurde am 17. September 1803 eingetragen.[15] Statt den Stollen weiterzutreiben, wurde das Wasser im Gang der Molitorzeche abgepumpt und Brauneisenstein im Alten Mann gefördert[16] und später wieder verlassen. Die Grube versoff abermals.

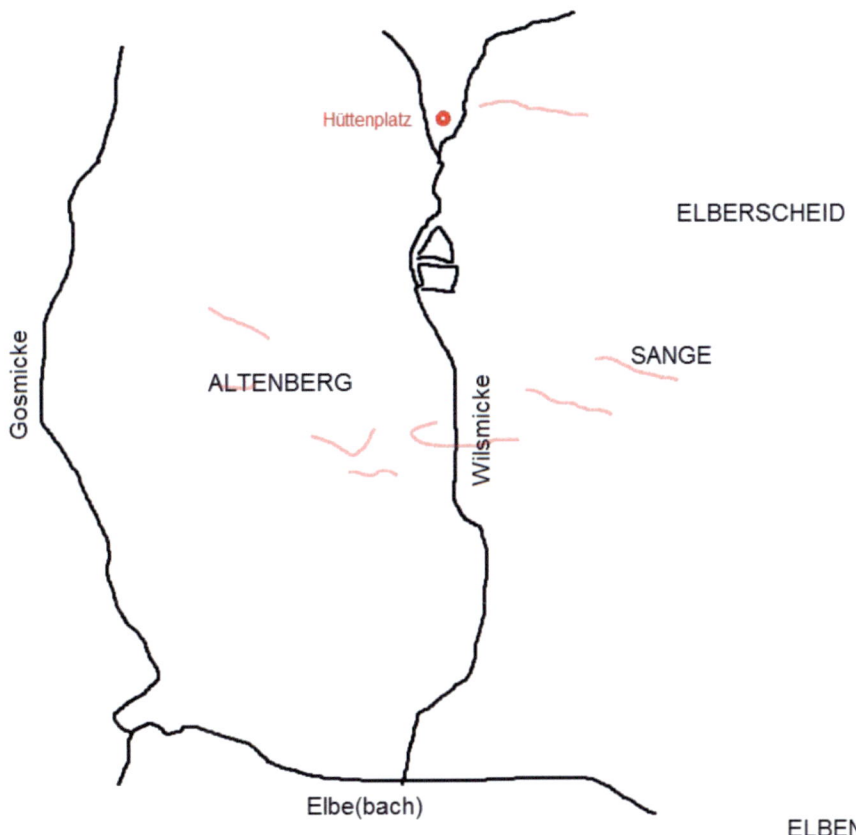

Abb. 3: Übersichtsskizze der Lage der Erzgänge und des Hüttenplatzes am Altenberg

Abb. 4: Pingen der Baptistenzeche.

Als die Molitorzeche 1824 wieder im Freien lag, wurden durch Friedrich Harkort hier Schürfarbeiten durchgeführt und er entschloss sich zum Weitervortrieb des Molitorstollens[17]. 1827 erwarb er die Berechtigung der alten Elber Hütte, um die Konzession an seine neue Hütte, die Rüblinghauser Hütte zu übertragen[18].

Der Stollen wurde zum Durchschlag mit dem Molitorgang gebracht und in den folgenden Jahren wurden die Erze im Molitorgang ohne Pumpenbetrieb abgebaut, da das Wasser durch den Stollen abfließen konnte.

Harkort ließ sich die Erzgänge der alten Molitorzeche am 08.07.1828 unter dem Namen "Neuer Molitor" und den anschließenden Abschnitt nach Osten am 10.08.1831 als Molitor verleihen. 1843 wurden die beiden vorgenannten Grubenfelder zu "Vereinigter Molitor" konsolidiert. Da sich der Gang an der Kopfmarkscheide zertrümmert, wurden noch zwei weitere Grubenfelder, "Zweiter Molitor" und "Molitor III" auf die beiden Gangtrümmer verliehen. (siehe Bild 8)

1834 gingen Harkorts Gruben in den Alleinbesitz des vorherigen Teilhabers Kamp über. Die Rüblinghauser Hütte lies in der Grube Molitor bis 1860 mit durchschnittlich 7 Arbeitern Eisenerz fördern, um die Erze auf der eigenen Hütte zu verschmelzen.[19] 1862 wurde das Stollenort des Molitorstollens wieder mit Hauern belegt, um es zum Aufschluss und zur Wasserlösung nach Nordwesten bis unter die Baptistenzeche zu verlängern. Dabei wurde der Brauneisensteingang "Hermina" angetroffen und durchfahren[20]. Nachdem das Stollenort bis zum Anfang des Baptistenzecher Gang getrieben war, freute man sich über den angetroffenen 2,00 m mächtigen Spateisensteingang. 3 Hauer trieben den Stollen im Gang weiter, um diesen aufzuschließen und unter den alten Pumpenschacht von Meuser vorzutreiben. 1874 brach das Ort jedoch in dieser Tiefe schon in den alten Kunstschacht von Meuser durch, in dem noch die hölzernen Pumpenröhren erhalten waren. Die Alten waren also bereits mit Ihrem Abbau bis auf dieses Niveau gekommen. Da keine lohnenden Erzpfeiler mehr über diesem Niveau zu erwarten waren, wurde der Betrieb eingestellt[21].

1909 wurde der Abbau wieder aufgenommen. Es sollten die Restbestände im Alten Mann gewonnen werden, denn die fertiggestellte Eisenbahnstrecke Olpe-Rothemühle sollte für leichteren Absatz sorgen[22]. Unter der Führung von Rudolf Stahl wurden 6 Mann beschäftigt. Beim Arbeiten im „Alten Mann" brachen dort sitzendes Standwasser in den Stollen durch und von der Flutwelle wurden Eduard Dornseifer und Ferdinand Schneider mitgerissen, Josef Sondermann hielt sich an einem Holzbalken fest, bis das Wasser abgelaufen war[23]. Alle überlebten das Unglück. Bis 1911 ging der Nachlesebergbau hier um, dann brachten finanzielle Schwierigkeiten der Gewerkschaft den Bergbau wieder zum Erliegen[24].

Herminagang

An Johann Peter Stutte zu Thieringhausen wurde am 20. Januar 1858 das Eisenerz-Grubenfeld Hermine verliehen. Er hatte im Freien außerhalb der Felder von der Molitorzeche diesen Gang erschürft.

Abb. 5: Darstellung einer Stangenkunst bei *LÖHNEYSS*, 1690.

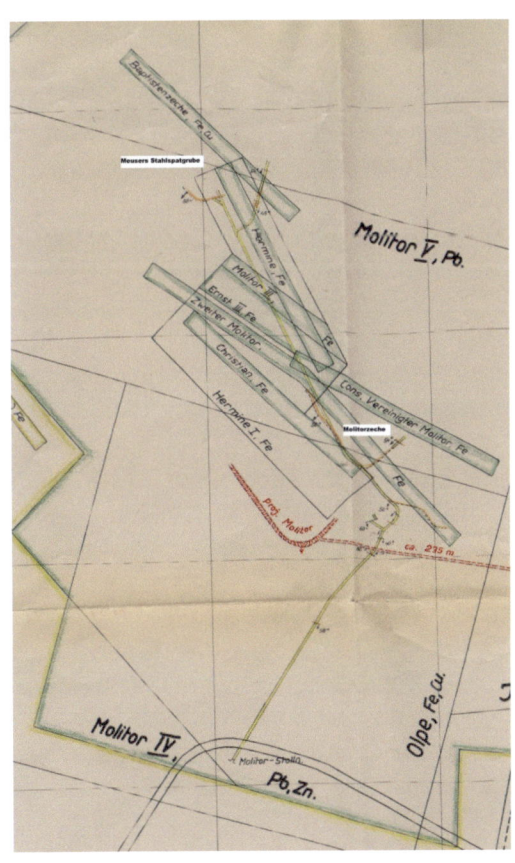

Abb. 6: Lage der Molitorzeche, Meusers Stahlspatgrube und des Molitor Grundstollens. Riß der Zeche Altenberg 1937-38, LVA NRW Bergämter Nr 12783. Bearbeitet von Oliver Glasmacher

Nach dem Protokoll der Feldesbesichtigung handelte es sich einen ca. 120 cm mächtigen Gang, der in einer Gangmasse mit wenig Quarz reinen Brauneisenstein und Glaskopf enthielt.

1865 wurde mit einem ca. 22 m langen Stollen der Gang erreicht. 1866 verkaufte er die Grubenanteile an den Kaufmann Wilhelm Stauff zu Siegen. Dieser lies sich ein weiteres Grubenfeld am 30. November 1866 verleihen. Dabei handelte sich um das Grubenfeld "Hermine I" (Siehe Bild 9).

Bis 1868 gingen die Aufschlussarbeiten auf dem Gang um. Die Arbeiten wurden von Stutte durchgeführt. Die Mächtigkeit schwankte und nachdem der Gang durch eine Kluft abgeschnitten wurde, stellte Stauf den Betrieb ein. 1899 wurde noch einmal der Stollen repariert – dann der Betrieb eingestellt. 1920 erwarben die Stahlwerke Becker die Grubenanteile[25].

Grube Altenberg

Östlich von der Molitorzeche, hinter einer Kluft nach dem Tal der Wilsmicke hin, hatte die sogenannte ‚Grube Altenberg' Ihren Abbau. Durch den Abbau im Talgrund war der Abbau von kurzer Dauer und daher bislang nicht erwähnt. Zu gering waren die Möglichkeiten, das Wasser im Erzgang unter Talniveau zu senken, da man sich bereits dort befand. Auch hier hatte man vermutlich mit hohem Arbeitseinsatz wie an der Baptistenzeche das Wasser abgesenkt und den Erzgang so weit es ging ausgebeutet. Das Vorkommen war sehr mächtig und der Abbau schien lohnend, wenn man eine Idee hätte, wie man das Wasser aus dem anstehenden Erzgang herausbekäme. Nur mit Investitionen in eine Wasserlösung war deshalb hier Ende des 18.Jahrhunderts noch Abbau möglich.

Der Verwalter der von-Brabeckschen Werke, Faktor Weber, kaufte die Grube Altenberg zusammen mit der Hälfte der Olper Hütte für sich. Er setzte die Hütte wieder instand und begann das Altenberger Bergwerk von Neuem.[26] Er erhielt die Verleihung für die Grube Altenberg am 22. Februar 1780 vom Bergschreiber Zeppenfeld.[27] 1782 verkaufte Weber die Hälfte der Grube an den Domkantor Hermann Werner von Brabeck[28], den Besitzer der Grube Rhonard. Die Ausbeute wurde nun am Altenberg wieder investiert.

Um die Grube zu entwässern, wurde ein tiefer Stollen (der sogenannte Altenberger Stollen) am Elbebach begonnen und nach Norden aufgefahren[29]. Zur Belüftung beim Vortrieb dienten 4 Lichtlöcher.[30] Möglicherweise wurde auch hier die Vortriebstechnik angewendet, wie beim Rhonarder tiefen Stollen. Dort lies sich der Stollen in einer sehr kurzen Bauzeit durch Gegenortsbetrieb aus den Lichtlöchern realisieren.[31]

1786 kam die Förderung in der Grube Rhonard, dem Kupferbergwerk bei Olpe, welches dem Freiherr von Brabeck zusammen mit der Stachelauer Hütte gehörte, zum Erliegen. Zur Finanzierung des Vortriebs eines neuen Tiefen Stollen zur Rhonard und Sucharbeiten nach neuen Erzgängen wurden dort die Eisenerze aus dem Haldenmaterial verhüttet. Außerdem lieferte zu dieser Zeit die Grube

Altenberg gute Eisenerze dorthin und milderte somit die Schweren Kosten des Stollenvortriebes in der Rhonard.[32]

Abb. 7: Erforschung alter Grubenbaue am Altenberg. Foto Slg. J.S.

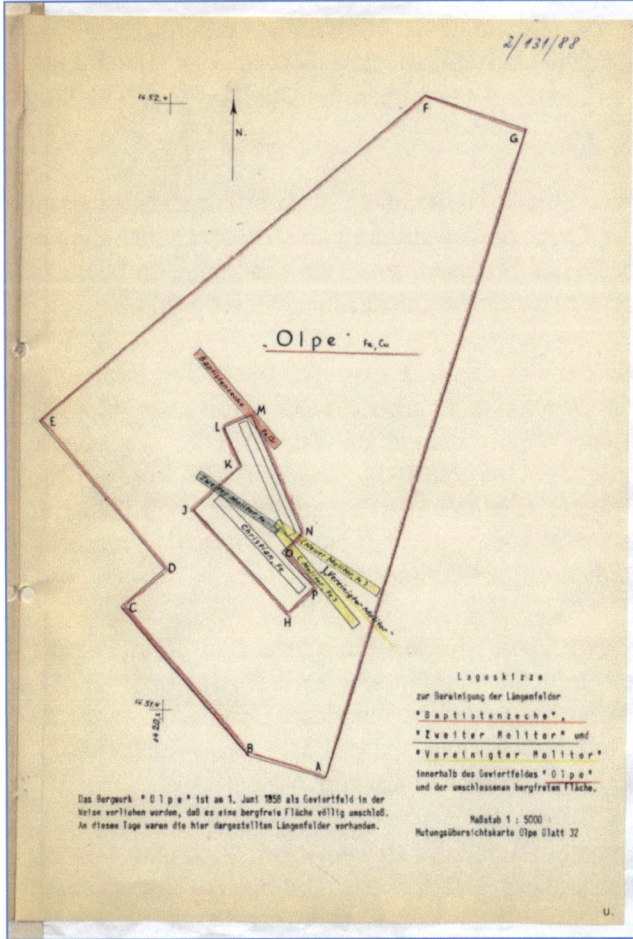

Abb. 8: Lageskizze zur Bereinigung der Längenfelder "Baptistenzeche", "Zweiter Molitor" und "Vereinigter Molitor" innerhalb des Geviertfeldes "Olpe". Mutungsübersichtskarte Olpe Blatt 32, LVA NRW Bergämter Nr 17776

Schließlich behinderte jedoch auch hier das Grubenwasser einen weiteren Abbau in der Tiefe. Um dieses Wasserproblem zu lösen wurde eine Wasserkunst in der Grube Altenberg angelegt: Das Altenberger Kunstwerk.

Dabei handelt es sich im Prinzip um eine Pumpe, um Wasser aus der Grube zu heben und den Grundwasserspiegel im Erzgang abzusenken. Der Antrieb geschah durch Wasserkraft. (Siehe Bild 10)

Dazu ließ sich der Faktor Weber 1784 die Rechte am Wasser des Baches „Wilsmicker Seifen" durch das Bergamt verleihen.[33] Das Wasser für den Antrieb wurde in einem Kunstteich oberhalb der Grube angestaut und bevorratet. Über einen alten Schacht wurde das Wasser auf ein Wasserrad geleitet, dessen Radstube im Gang ausgehauen war.[34] Man hatte sich hierbei wohl an der vorhandenen Anlage in der Grube Rhonard orientiert.[35]

Das Wasserrad übertrug die Kraft auf die Pumpensätze im Schacht. So wurde das Grubenwasser aus den Schächten der Grube bis auf das Niveau des Altenberger Stollens gehoben, durch den es ins Tal des Elbebaches abfloss.

Da die Wasser aus dem kleinen Bachtal des Wilsmicke nicht ausreichen, lies sich der Faktor Weber 1794 genehmigen, zum Betrieb des Altenberger Kunstwerk, das

Elbener Wasser mit zu nutzen"[36]. Zu diesem Zwecke wurde weit oberhalb des Altenberger Kunstwerkes im Elbebachtal bei Elben das Wasser des Elbebaches abgezweigt und durch einen ca. 400 m langen Kunstgraben herangeführt [37] (Siehe Bild 11).

Um 1803 verkaufte Bernhard Weber auch die 2. Hälfte, diesmal an Friedrich Moritz von Brabeck. Im Einzelnen waren dies der **Erste Stahlsteingang** am Altenberg, der **Zweite Stahlsteingang** am Altenberg und der **Dritte Stahlsteingang** auf der Sange und dem zu diesen Altenberger Bergwerken getriebenen Stollen auf dem Elber Wiesengrund.[38]

Um 1808 kam der Betrieb ins Stocken. Es waren 2 Gesenke unter der Sohle des Altenberger Stollens vorhanden. Die Wasserkunst arbeitete im westlichen Gesenk, welches 32 Meter tief war. Sie hob das Wasser bis auf die Stollensohle. Der saigere Förderschacht war 22 m tief, aber beschädigt und ging 1814 zu Bruch[39]. Es wurden dann nur noch die alten Erzpfeiler auf den oberen Sohlen im Bruchbau gewonnen[40]. 1817 war ein neuer Förderschacht in Arbeit und im Westen wurde mit einem Querschlag versucht, die Molitorzeche zu lösen. Danach wurde der Betrieb eingestellt.

1826 wurde der Betrieb von der Gewerkschaft „Johann Groh und Consorten" wieder aufgenommen. Dieser Gewerkschaft wurde die Berechtsame Grube Altenberg am 14. Oktober 1826 verliehen. Die Verleihungsurkunde spricht von einem Brauneisenstein- und Kupfererz- Vorkommen, welches in Stunde 6 streicht und mit 56° nach Süden einfällt. Verliehen wurde eine Fundgrube und 2 Maassen nach Osten und Westen[41].

Da die Wilsmicker Gruben im freien lagen, reichte die Gewerkschaft auch eine Mutung „**Untere Wilsmicke**" (nördlich vom Altenberg gelegen) ein. Die beiden Verleihungen wurden am 16. Januar 1828 unter dem Namen Altenberg konsolidiert. Es wurde nun ein Stollenort im Altenberger Stollen nach Norden in Angriff genommen. Zur Reduzierung der Kosten wurden bis 1835 Aufschlussarbeiten auf der Sohle des Wilsmicker Stollens durchgeführt, um neue abbauwürdige Eisenerzmittel im Bereich der Unteren Wilsmicke zu finden. Vorgefundene Erzanbrüche wurden abgebaut, zudem die Halden der Grube Altenberg ausgeklaubt. Dann fiel diese Grube Altenberg wegen Nichtzahlung der Rezeßgelder wieder ins Freie, das Stollenort nach Untere Wilsmicke blieb unvollendet.[42]

So konnte der Eigenlöhner Joseph Koch, der mit seinem Bruder als Gedingehauer auf der Grube gearbeitet hatte, am 6.März 1838 die Grube Altenberg neu muten. Sie wurde ihnen am 2. Juli 1839 zu einer Fundgrube und 2 Maassen nebst der Vierung zu 3 ½ Lachter ins Liegende und Hangende verliehen.[43] Nachdem Georg Koch auch Bleierze gefunden hatte, wurde die Belehnung 1842 auf Blei und Silbererze erweitert.[44]

Die Wilsmicker Gruben.

Auf einem anderen Vorkommen bauten die Gruben im Wilsmicker Seifen. Es handelt sich um einen nordnordwestlich streichenden Gangzug, der dann nach Norden einschwenkt und über den „Katzensaal" nach Thieringhausen zieht.

Diese Grube kann die älteste urkundliche Erwähnung vorweisen. In einem Bericht von Bergmeister Engelhardt aus dem Jahre 1668[45], der über die damalige Lage der Bergwerke berichtet dieser unter Punkt 7 über ein Eisensteinbergwerk im Wendener Kirchspiel mit dem Namen "*die Wiltzenbach*". Es sei vor 5 Jahren als verfallen von einer Gewerkschaft unter Johannes Werth aufgenommen und mit 1000 Reichtstalern wieder in Schuss gebracht worden. Der Eisenstein war „im Tiefsten" immerhin 3 m mächtig. Aus dem geschmolzenen Eisen wurde Klingenstahl gemacht. Leider kam es zu Absatzschwierigkeiten, sodass die Grube 1668 wieder stilllag.

1795 war das Bergwerk im Besitz der Elber Gewerkschaft. Bürgermeister Müllendiek zahlte die Rezeßgelder für das „Wilsmicker Bergwerk" und den „Grundstollen" sowie die Elber Hütte[46]. Dieser Grundstollen war der „Wilsmicker Stollen" der oberhalb des großen Altenberger Kunstteiches angesetzt alle Wilsmicker Gänge unterfahren sollte. Mit einer Wasserkunst war unter der Stollensohle bis ca. 18 m tief abgebaut worden. Zur Bevorratung dienten Wasserteiche oberhalb des Stollens.[47] 1811 lag die Grube still, da der Gewerkschaft die Mittel fehlten, das Bergwerk zu betreiben. Franz Gipperich empfahl in seinem Gutachten dem Grafen von Brabeck, einen Ankauf, da die Grube mit dem „Altenberger Stollen" der eigenen Grube, 10-11 Lachter *(ca. 21 m)* tiefer gelöst werden könnte und besten Stahlstein lieferte[48]. Nach Übernahme der Anteile an der Elbener Gewerkschaft durch Friedrich Harkort und Transfer der Hüttenkonzession der Elber Hütte nach Rüblinghausen gingen auch die Grubenfelder an ihn über. Er führte nur Erhaltungsarbeiten durch. Durch ihn wurden auch die Fristungsgebühren bezahlt[49] bis die Grube wieder ins freie viel.

Ab 1826 waren die Grubenfelder Altenberg und **Untere Wilsmicke** durch die Altenberger Gewerken konsolidiert, mit dem Ziel den Altenberger Stollen bis zur Grube Untere Wilsmicke zu verlängern und dann die Wilsmicker Gruben ohne Pumpen betreiben zu können. Dieses Vorhaben blieb jedoch unvollendet.

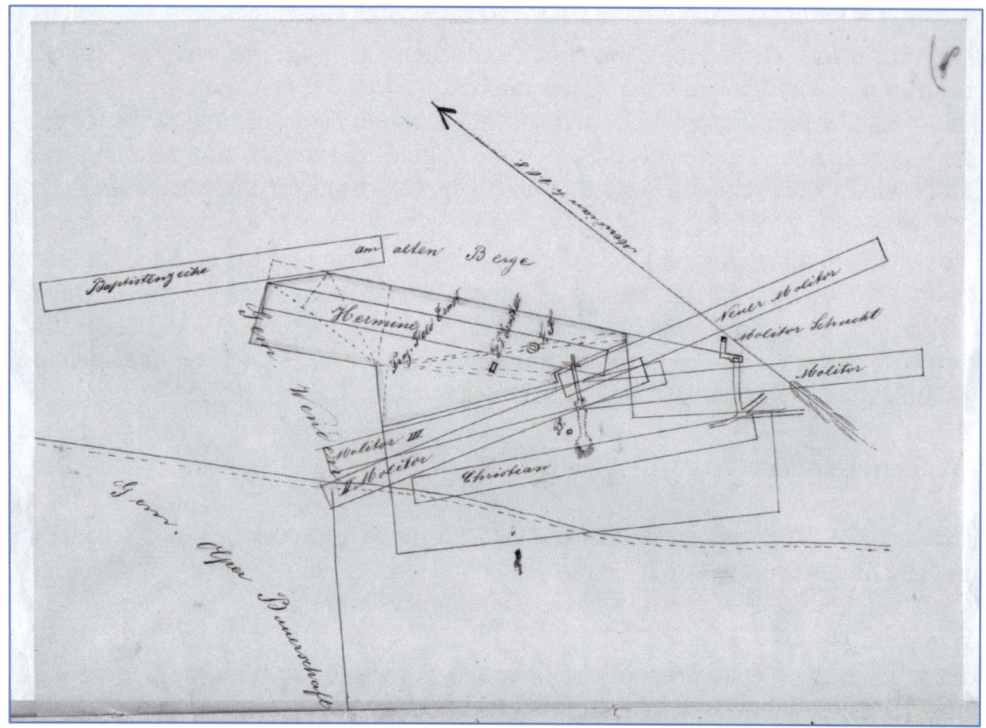

Abb. 9: Mutungsriss Grubenfelder Hermine und Hermina I, LVA NRW Bergämter Nr 14700.

Abb. 10: Darstellung einer Wasserkunst bei *LÖHNEYSS*, 1690.

Zur gleichen Zeit wurde im Bereich der Grubenfelder Obere und Untere Wilsmicke ein neuer Brauneisenstein-Gang unter dem Namen **Josias** erschürft, der 1830-1840 durch die Gebrüder Kreutz mittels eines Stollens abgebaut wurde.

Nachdem diese genannten Gruben wieder verlassen wurden und frei fielen, wurde die Grube Josias neu unter dem Namen **Neuer Josias** durch die Gewerkschaft von Johann Anton Junge und Consorten gemutet. Er bekam auch die Abbaurechte an den Grubenfeldern **Obere Wilsmicke** und **Untere Wilsmicke**.

In den nächsten Jahren wurden die stehen gelassenen Erzpfeiler und magere Erze in den alten früher bereits gebauten Erzgänge gewonnen. Danach musste man in
Es handelte sich um folgende Grubenfelder:

- Neuer Josias, verliehen 20.07.1847 an Johann Anton Junge und Consorten,
- Obere Wilsmicke, verliehen 10.11.1847 an Johann Anton Junge und Consorten,
- Untere Wilsmicke verliehen 22.07.1848 Johann Anton Junge und Consorten,
- Alte Wilsmicke, verliehen 09. 01. 1856 an Heinrich Boerner zu Siegen,
- Neue Wilsmicke verliehen 23.06.1856 an Heinrich Boerner zu Siegen.

Es wurde die den beiden Stollen aufgeräumt und weitergetrieben, Außerdem wurde das Altenberger Stollenort von 1826 wieder belegt um es zu den Wilsmicker Gruben zu treiben. Aber schon 1860 wurde die Grube Wilsmicker Gemeinschaft jedoch 1860 gefristet.

Die Sanger Gruben

Die Erzgänge an der Sange sind die Fortsetzung der Altenberger Gänge nach Osten. Hier war 1803 die Verleihung der Grube "Die Sange am Elberscheid" sowie zwei weitere Maße und der Stollen zur Sange an Bernhard Weber verliehen worden.[50] Gesenken unter der Stollensohle arbeiten, um noch neue Erzanbrüche zu finden. Immer wieder kam es in den Regenzeiten zum Abbruch der Abbauarbeiten, da die Gesenke voll Wasser liefen.

Nachdem alle genannten Wilsmicker Gruben von den Gewerken des Meggener Eisenwerks in Altenhunden erworben waren wurden diese 1859 zur **Wilsmicker Gemeinschaft** konsolidiert[51].

Durch den Verkauf der Olper Hütte 1826 gingen die Erzgrube **Obere Sange** an Jacob Kreutz über.[52] Er führte den Bergbau fort. Regelmäßige Förderzahlen in der Oberen und Mittleren Sange sind von Norbert Scheele in den Jahren 1830-1845 überliefert.
1857 wurde die Grube Obere Sange gefristet, 1859 repariert und ab 1862 wieder aufgenommen.

Die Grube **Mittlere Sange** war durch die Tagelöhner Johann Peter und Joseph Koch am 19. Februar 1825 auf Brauneisenstein gemutet worden. Hier war zur Wasserlösung der "Bayer Stollen" auf den Pingenzug getrieben worden, aber ohne Durchschlag ins frei gefallen. Später wurde er durch Benzel weitergetrieben aber fiel ebenfalls ins Freie. Nun nahmen die Gebrüder Remy den Betrieb auf. Auch hier ist ein regelmäßiger Förderbetrieb bis 1842 überliefert. Die Erze wurden auf der Wendener Hütte verschmolzen. Noch 1859 wurde ein Gesenk unter dem Stollen angelegt. [53]

Die Grube **Ottilia** war ursprünglich unter den Namen Henriette gemutet worden. Nach Verkauf der Mutung wurde diese am 29. Juli 1856 an Heinrich Boerner verliehen. Da der Gang der Grube früher von der Grube Altenberg auf deren Stollensohle abgebaut worden war, wurde der Betrieb nicht aufgenommen. [54]

Die Grube Altenberg in der Industrialisierung

Bis 1858 verkaufte Koch seine 128 Kuxe an verschiedene Investoren. So beteiligte sich auch die Gewerkschaft des Meggener Eisenwerk in Altenhundem an der Grube, die meisten Kuxe hielt jedoch der Kaufmann Joseph Kemper aus Olpe. Er sicherte sich auch die Geviertfelder Mina und Umsicht.

Bis 1860 wurde die Grube durch Reparaturen, kleinere Schürfversuche und Fristungen vorgehalten. Für eine beabsichtige Vorrichtung zum Abbau waren Zubußen von der Gewerkschaft notwendig, welche in Anbetracht des unzureichenden Absatzes gescheut wurden[55].

1862 organisierte der Berggeschworene Gerlach ein Treffen aller Grubeneigentümer am Altenberg, um sie zu einem gemeinsamen Betrieb zu bewegen.

Dafür sollte der Molitor oder der Altenberger Stollen bis zu den Wilsmicker Gruben und über das Raufhaus bis nach Johannisberg verlängert werden.

Es sollten zwei Grubenkomplexe entstehen:

1. Complex:

Altenberg, Mina, Ottilia, Mittlere Sange, Obere Sange, Friede, Glaskopf, Caroline, Reinholdszeche und ggf. Molitor, Neuer Molitor, Zweiter Molitor, Olpe, Hermine, Baptistenzeche

2. Complex:

Neuglück, Untere Wilsmicke, Neue Wilsmicke, Neuer Josias, Obere Wilsmicke, Alte Wilsmicke sowie die Gruben auf dem Berg Katzensaal nördlich der Wilsmicker Gruben: Carlsgrube, Heinrich, Caroline, Altes Raufhaus, Eisenhut, Junges Raufhaus, Neues Raufhaus, Raufhäuserzug, Alfeszeche, Gustav, Zweiter Johannesberg, Erster Stehender Gang, Zweiter Stehender Gang, Dritter Johannesberg, Johannesberg, Flacher Gang, Erster Johannesberg und die Mutung Garibaldi.

Trotz der positiven Gespräche ist es nach diesem Termin nicht zu der Vereinigung gekommen. Alle Betriebe versuchten weiter auf eigenen Füßen ihr Glück zu machen.

1863 besserten sich die Absatzverhältnisse. Durch Herabsetzung der Frachtpreise war eine Versendung auf der Ruhr-Siegbahn wirtschaftlich geworden. Damit waren die Erze vom Altenberg auch für weiter entfernte Erzschmelzen z. B. die Hüttenwerke im

Rheinland interessant[56]. 1864 wurde deshalb mit den Vorarbeiten auf der Grube Altenberg für einen Tiefbau begonnen[57].

Gegen die Empfehlung des Bergamtes, einen seigeren Schacht im Hangenden des Altenberger Ganges anzulegen, entschied man sich aus Kostengründen für den flachen vorhandenen Schacht.

Die alte Wasserkunst wurde erneuert. Dazu musste der vorhandene Kunstschacht nachgearbeitet werden. Der alte vorhandene Kunstteich wurde ausgeräumt und ein neuer zusätzlicher Teich angelegt.

Da alle Arbeiten nur von 2-3 Arbeitern durchgeführt wurden, verzögerte sich die Inbetriebnahme des Tiefbaues. Im Zuge der Gründerkrise[58] wurde das Vorhaben aufgegeben und nur noch die nötigsten Reparaturen durchgeführt.

Neues von den Gruben an der Wilsmicke und Sange

1871 übernahm die Hattinger Henrichshütte AG die Grubenanteile der Grubenfelder Wilsmicker Gemeinschaft sowie Mittlere Sange, Obere Sange und Ottilia.[59] Sie plante gleich, eine Schachtanlage im Bereich der Wilsmicker Gruben anzulegen. Zu Anfang wurden jedoch die alten Stollen repariert und Dann sollte das Altenberger Stollenort zur Wilsmicke wieder belegt werden.

Es stellte sich jedoch heraus dass der Altenberger Stollen verbrochen war und so funktionierte der Abfluss der Grubenwasser nicht und die Arbeit am Wilsmicker Querschlag aus dem Altenberger Stollen konnte nicht fortgesetzt werden. Da keine Erbstollengerechtigkeit[60] auf dem Altenberger Stollen lag, musste der Altenberger Stollen auch nicht durch die Gewerkschaft Altenberg repariert werden.

Eine Zusammenarbeit der Gruben scheiterte diesmal am Neid der Gewerkschaften.[61] So wurde der <u>Wilsmicker Tiefer Stollen</u> (auch Unionstollen[62] genannt) begonnen. Das Mundloch befand sich einige Meter abwärts, neben dem Mundloch des Altenberger Stollen im Elbetal.

Die große Konkurrenz der Gewerkschaften wurde wieder deutlich, als der Wilsmicker Tiefer Stollen querschlägig durch den Altenberger Gang getrieben werden sollte. Der Protest der Grube Altenberg war die Folge. Zu den angeführten Befürchtungen gehörte auch, die Grubenwässer der Wilsmicker Grube würden im Altenberger Gang versickern und müssten dann im Tiefbau durch das Altenberger Kunstwerk mitgehoben werden. Um den Streit zu beenden, verlieh das Bergamt der Grube Wilsmicker Gemeinschaft am 3.Okt. 1873 einen <u>Hilfsbau</u>, welcher vorsah, dass der Stollen komplett durch den Hauptgang der Grube Altenberg überbrückt wurde.[63]

Der Stollen wurde 1873 mit der Wilsmicke durchschlägig. Damit war der Abfluss wieder hergestellt. Da die Aufschlussarbeiten im Gangzug Josias keine bauwürdigen Aufschlüsse erbrachten[64], sich das Land in der Gründerkrise befand und die heimischen Erze nicht verkäuflich waren[65], ist kein weiterer Betrieb umgegangen.

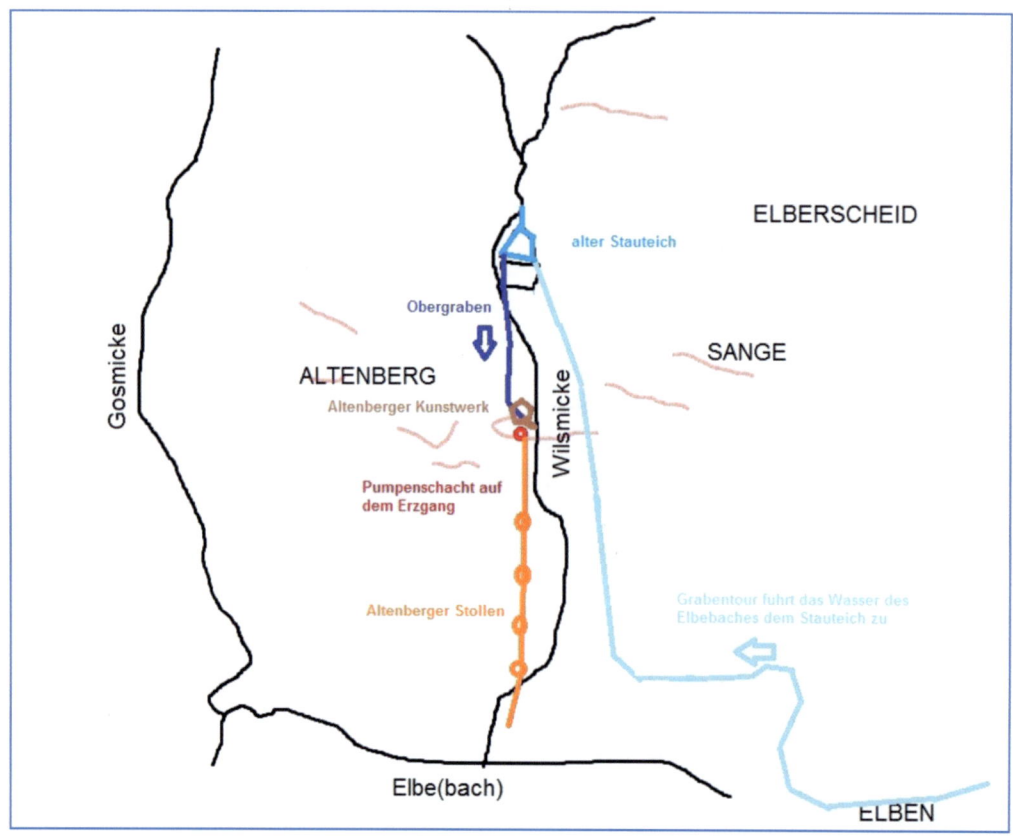

Abb. 11: Lageskizze der Grube Altenberg um das Jahr 1800. Zeichnung Oliver Glasmacher

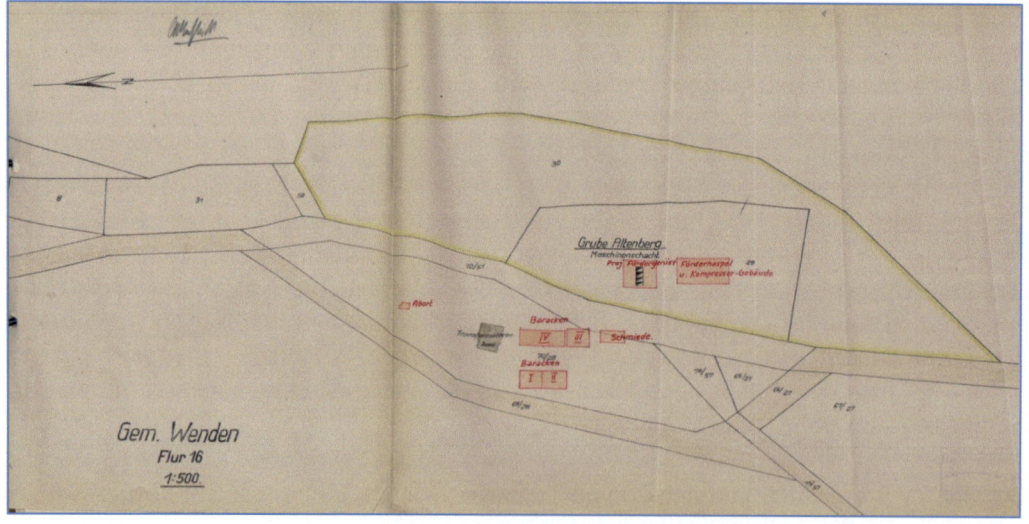

Abb. 12: Lageplan der neuen Schachtanlage. LVA NRW Bergämter Nr 12783.

1874 wurde die Grube Mittlere Sange durch ein Flügelort aus dem Unionstollen untersucht.

Anschließend versuchte die Union AG[66] erfolglos, die benachbarten Gruben Altenberg und Molitorzeche aufzukaufen[67].

Auf folgende weitere Mutungen im Bereich der Sanger Gänge soll hier kurz hingewiesen werden:

Die Mutung Revolution wurde umgeändert in den Namen **Friede**. Dies war am 24. Januar 1858, als das Bergwerk auf Eisenerze verliehen wurde. Nach der Verleihung hat kein Betrieb stattgefunden.

Die Grube **Glaskopf**, die 1854 verliehen wurde teilte das gleiche Schicksal. Nach der Verleihung ist kein Betrieb bekannt.

Das Längenfeld der Grube **Neuglück** wurde 1856 verliehen, später auf ein Geviertfeld erweitert. Durch einen Stollen und ein Gesenk wurden Aufschlußarbeiten durchgeführt. Es fand jedoch kein Abbaubetrieb statt, auch im östlichen anschließenden Grubenfeld **Oberstes Glück**.

Die Tiefbau-Schachtanlage Grube Altenberg

Zur Sicherung einer eigenen Erzbasis übernahm der „Berg-, Gruben-, und Hüttenverein zu Hochdahl"[68] 1873 die Mehrheit (99 1/2 Kuxe) an der Grube Altenberg.[69] Weitere Gewerken der Grube betrieben zwei regionale Hüttengesellschaften, die Germaniahütte in Grevenbrück und das Meggener Eisenwerk[70].

Es wurde nun mit der Anlage einer neuen Tiefbauanlage mit einem senkrechten Maschinenschacht begonnen.

Dazu wurden ein Kesselhaus und ein Maschinenhaus errichtet (Siehe Bild 12). Die Maschinenausrüstung bestand aus 2 Dampfmaschinen: einer Zwillingsdampfmaschine von 10 PS für die Förderung und eine Dampfpumpe zur Wasserhaltung, die später durch eine liegende Maschine mit 8 PS ersetzt wurde.

Die Stollensohle des Altenberger Stollens wurde bei 20 m Tiefe erreicht. 1874 wurde bei 56 m die erste Tiefbausohle angesetzt. Der Gang wurde abbauwürdig angefahren und zum Abbau vorgerichtet.

Um eine natürliche Bewetterung herzustellen, wurde im Erzgang ein Wetterüberhauen aus der neuen Tiefbausohle zum alten Kunstgesenk angesetzt, welches dort nach 6 m in dem Sumpf durchschlug.

Der Spateisenstein wurde dann auf 50 m Ganglänge im Firstenstoßbau gewonnen. Der größte Teil der Eisenerze wurde an die Hochdahler Hütte ins Rheinland geliefert. Um die Frachtkosten zu senken, wurde das geförderte Erzhaufwerk geröstet. Die Hütten der anderen Gewerken erhielten einem geringeren Teil der Erze entsprechend Ihren Anteilen an der Grube.

Der Bergbau am Altenberg florierte wieder. So wurde der Tiefbauschacht weiter getrieben, um schon die nächste Tiefbausohle vorzurichten. Bei 24 m unter der 1.Tiefbausohle wurde die 2.Tiefbausohle angesetzt. Neben einem unedlen hangenden Nebentrum erreichte man nach 8 m den Altenberger Hauptgang in mächtiger und edler Beschaffenheit. Zur Bewetterung wurde ein Aufhauen zur oberen Sohle hergestellt.

Bis 1883 wurden reichlich Erze gefördert. Dann war der Gang zwischen den beiden Tiefbausohlen bis auf wenige Pfeiler abgebaut. Aufschlussarbeiten im liegenden Mina-Gang führten zu keinen abbauwürdigen Ergebnissen. Daher wurde der Betrieb eingestellt.

1897 nahm die Gewerkschaft die Grube wieder in Betrieb. ‚Das Erz sei wegen seines geringeren Kupfergehaltes gegenüber anderen Spateisensteinen vorteilhaft und für alle Roheisenarten gut verwendbar', so glaubte die Gewerkschaft[71]. Nach der Reparatur der Schachtanlage wurde der Schacht weiter geteuft um den Gang in einer 3. Tiefbausohle für den Abbau vorzurichten. Auf den oberen Sohlen wurden noch Restpfeiler verhauen und Stollenörter getrieben um den Gang wieder auszurichten, da der Gang an beiden Enden durch Klüfte abgeschnitten war. 1900 wurde die Grube wieder stillgelegt, da die vorhandenen Maschinen zu schwach für eine weitere Vertiefung des Schachtes waren[72] (Siehe Bild 13).

Die Eisenhütte Hochdahl wurde 1911 durch das Hochofenwerk Lübeck übernommen. Die Hütte in Hochdahl wurde stillgelegt; die Rohstahlquote übertragen.[73] Die Altenberger Erzgruben waren uninteressant geworden[74].

Neue Aktivitäten an der Sange: Die Reinholdszeche

Der Grubenkomplex des Ferdinand Hamann und seiner Gewerken bestand aus den Gruben Carolus, Julchen und Reinholdszeche, die auch im großen Komplex an der Sange verliehen waren (Siehe Abb. 25).

Die älteste Verleihung war die Grube Carolus, war am 15.12.1842 auf Eisenerz verliehen worden. Der Erzgang war 50 cm mächtig und führte neben Eisenerz auch etwas Mangan.

Die Verleihung Julchen auf Mangan und Geviertfeld Reinholdszeche auf Eisen- Kupfer- und Bleierze verliehen überdeckten teilweise das alte Längenfeld von Carolus wurde.

Im Zuge der Verleihung wurden weitere Mutungen genannt, die nicht zur Verleihung kamen. Es handelte sich um Neue Sange, Tiefe Sange, Eisenkreuz, Eisenhand, Gustav Lehrkind und Antonius.

1913 interessierte sich verschiedene Firmen für die Gruben Carolus und Reinholdszeche.

Es wurde nun durch den Gewerken Hamann ein tiefer Stollen beschlossen. Er sollte die Gänge der Erzfelder Carolus, Julchen und Reinholdszeche untersuchen. Er wurde unterhalb der Wilsmicker Schläfe quer zu den Sanger Erzgängen angefangen und in Doppelspurweite 2,50 x 2,00 m begonnen, später jedoch aus Kostengründen verengt. Vier Erzmittel zwischen 30 und 120 cm wurden angetroffen, jedoch war keines so abbauwürdig wie in den oberen Sohlen. 1914 wurden die Untersuchungsarbeiten wieder eingestellt.

Das Fazit der Kruppschen Bergverwaltung über dieses Vorkommen war niederschmetternd. Es handelte sich nur um ein 30 m langes Mittel, dass die Fortsetzung des Ganges von Mittlere Sange hinter einer Kluft darstellte. In diesem Gang waren vereinzelt auftretende Nester von Brauneisenstein - der Gang durch viele Klüfte gestört. Das Vorkommen hatte im Altenberger Komplex nur untergeordnete Bedeutung.[75]

Betrieb unter den Stahlwerken Becker

1922 wurde der Betrieb in der Grube Altenberg durch die Gesellschaft Stahlwerke Becker wieder aufgenommen. Jene hatte

die Anteile der Grube Altenberg mit den Feldern
- Altenberg,
- Einsicht,
- Umsicht,
- Mina,

sowie die gesamte Molitorzeche mit den Grubenfeldern
- Ver. Molitor,
- Molitor II,
- Molitor III,
- Molitor IV
- Molitor V,
- Baptistenzeche,
- Olpe,
- Friede,

sowie verschiedene angrenzende Grubenfelder:
- Glückauf,
- Alfeszeche,
- Altes Raufhaus,
- Raufhäuser Zug,
- Neues Raufhaus,
- Eisenhut,
- St. Johannes und
- Junges Raufhaus

an sich gebracht.

Der Schachtkopf wurde mit Beton repariert, ein eisernes Fördergerüst errichtet und die Grube für ein Sümpfen des Tiefbauschachtes vorbereitet. Nur fehlten noch die Maschinen und der elektrische Anschluss. Für die Stromversorgung wurde der heute noch erhaltene Trafo-Turm errichtet (siehe Bild 14). Die Anschaffung der Maschinen zog sich jedoch hin. Zwischenzeitlich wurde der Molitorstollen wieder aufgewältigt und im Molitorgang die restlichen Erze über der Stollensohle abgebaut. Das Flügelort sollte bis zur Baptistenzeche aufgewältigt werden (Siehe Bild 14).

Indes ging es mit der Wirtschaft bergab und durch die völlige Geldentwertung konnten nicht alle Maschinen angeschafft werden. Der Absatz der auf Molitor geförderten Erze war wegen einer Verkehrssperre nicht möglich und so musste der Betrieb eingestellt werden.

1929 wurden die Aktien der Stahlwerke Becker AG von den Vereinigten Stahlwerken aufgekauft. Diese verwaltete auch die Grubenfelder der Deutsch-Luxemburgischen Bergwerksgesellschaft, der die Gruben der Union AG jetzt gehörten[76]:

- Wilsmicker Gemeinschaft,
- Ottilia,
- Mittlere Sange
- Obere Sange.

Die Ver. Stahlwerke hatten jedoch kein Interesse an einer Wiederaufnahme des Betriebes. Der Altenberger Hauptgang war bis zur 3. Sohle so gut wie abgebaut und das Eisenerzmittel verschmälerte sich zur Tiefe. Der liegende Minagang war nur in den oberen Sohlen abbauwürdig und in der 3.Sohle taub. Erze aus dem Ausland waren reichhaltiger, billiger zu beziehen und besser zu verhütten[77]. Viele der heimischen Grubenfelder dienten nur als hypothekarische Sicherheiten[78]. 1932 wurde das Fördergerüst wieder abgerissen und die Tagesanlagen bis auf das Trafohäuschen eingeebnet[79].

Im 2.Weltkrieg wurde der sogenannte Vier-Jahres-Plan beschlossen. Jedes für eine Deutsche Erz-Basis in Frage kommende Grubenfeld sollte untersucht werden[80]. Von der Behörde wurde gefordert, die Schachtanlage Altenberg wieder in Betrieb zu nehmen. Dagegen sträubten sich die Vereinigten Stahlwerke. Schließlich wurde 1937 vor Liquidation der Stahlwerke Becker AG eine letzte Untersuchung der Grube durchgeführt. Einerseits um der Forderung der Rohstoffbehörde des Dritten Reiches nachzukommen und um für die Vereinigten Stahlwerke das Bergwerkseigentum der Stahlwerke Becker vor einer Liquidation und Übernahme zu bewerten. Für die Aufschlusskosten wurde ein Staatskredit durch das Rohstoffamt bewilligt.

Damit waren alle wichtigen Vorkommen in und um Altenberg in einer Hand.

Der Betriebsplan sah vor, die Schachtanlage zu reparieren und 50 m tiefer zu teufen und dort dann nach Norden, Westen und Osten Untersuchungsquerschläge zu den Gängen der alten Gruben Sange, Wilsmicke und Molitor aufzufahren. (Siehe Bild 15)

1938 wurde mit der Sümpfung und Reparatur des Maschinenschachtes begonnen. Um weitere Wasserzuflüsse zu stoppen, wurden die alten Stollen aufgewältigt, damit das Grubenwasser der oberen Sohlen auf natürlichem Wege abfließen konnte.

Entgegen dem Betriebsplan wurde der Schacht jedoch nur noch auf den bestehenden 100 Metern repariert. In der 1.Tiefbausohle (60 m) wurden die Feldörter nach Westen (Molitor), Osten (Mittlere und Obere Sange) und Norden (Wilsmicke) hergestellt. Der Molitorstollen wurde aufgewältigt doch dabei keine bauwürdigen Mittel angetroffen.

Die Belegschaft begann mit 16 Mann und wurde bis 1940 auf 35 Mann gesteigert.

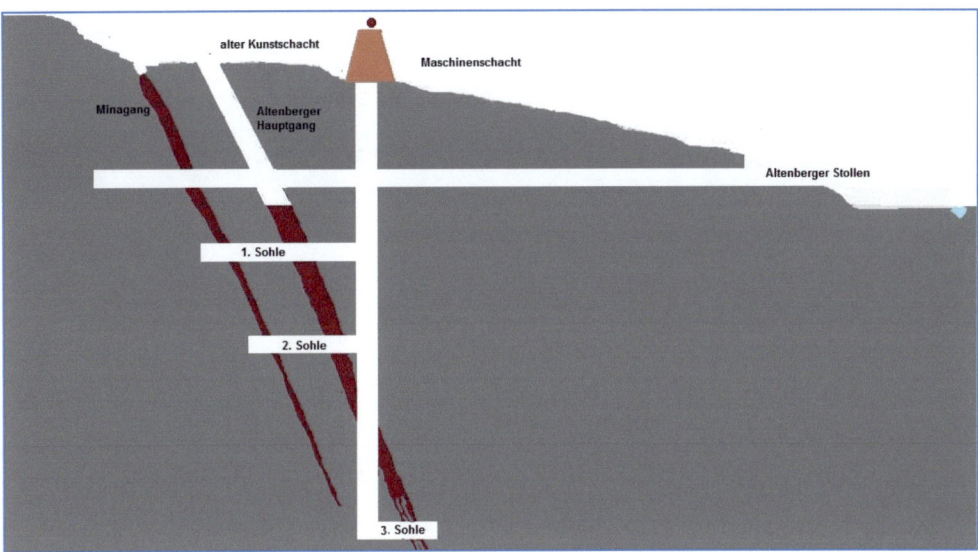

Abb. 13: Schematisierter Seigerschnitt durch die Grube Altenberg. Zeichnung: Oliver Glasmacher

Abb. 14: Tagesanlagen der Grube Altenberg mit verkleidetem Fördergerüst und Trafoturm. Foto aus RUEGENBERG, S. 12

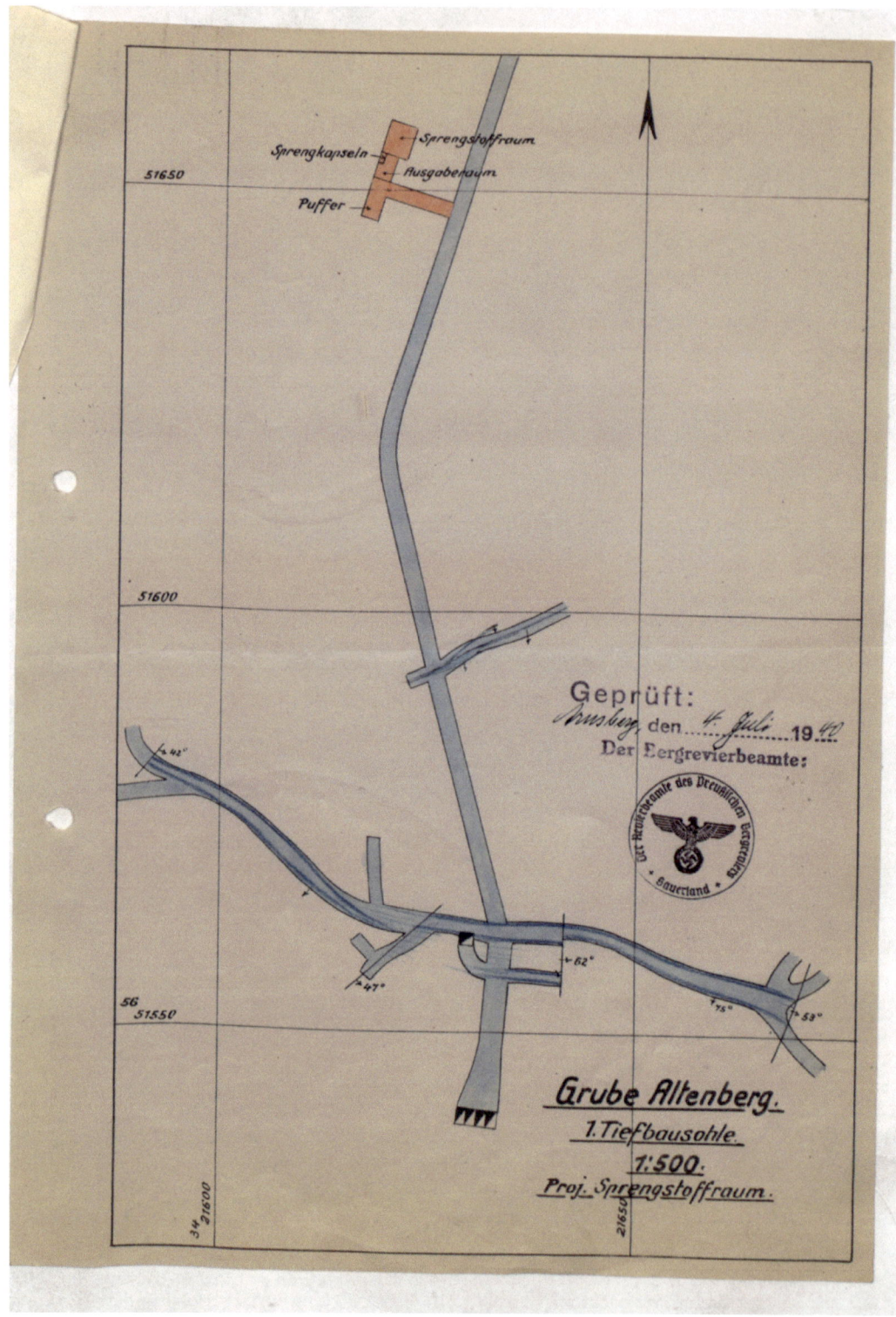

Abb. 15: Grundriss der 1. Tiefbausohle der Grube Altenberg im Jahre 1940. LVA NRW Bergämter Nr 12783.

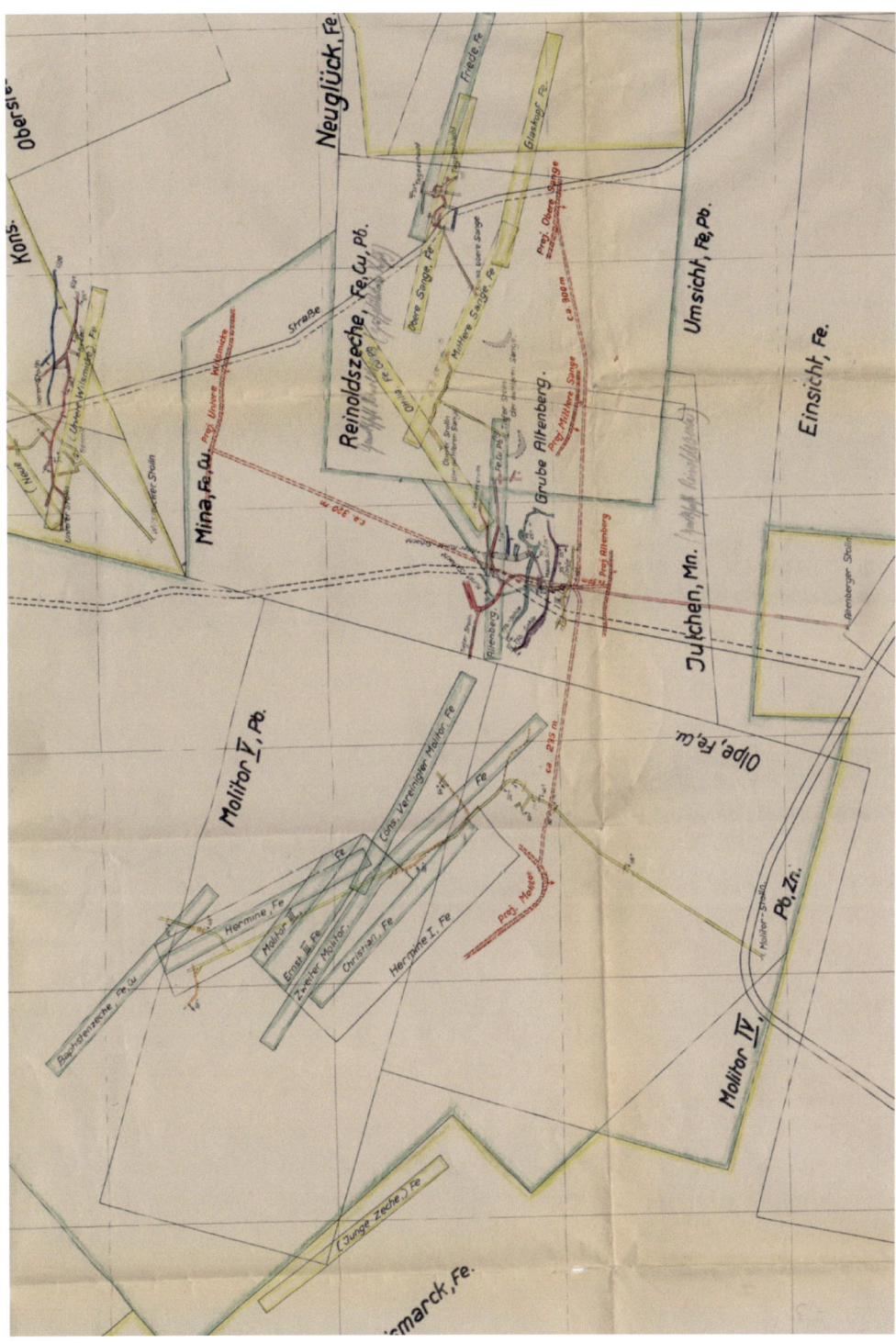

Abb. 16: Riß der Zeche Altenberg 1937-38 mit projektierten Querschlägen zum Aufschluss der wichtigsten Erzgänge. LVA NRW Bergämter Nr 12783.

1939 passierte ein Unglück auf der Grube, bei dem 3 Männer, darunter Albert Sieler tödlich verunglückten, denn die Sicherheitsbremse des Förderkorbes hatte versagt.[81] Die Fördereinrichtung wurde umgebaut und durfte erst nach erfolgter Abnahme wieder in Betrieb genommen werden.

Alle Querschläge brachten keine abbauwürdigen Erzvorkommen. Am 4. 3. 1941 wurde die Erzgrube endgültig als „taub" bewertet und geschlossen. Alles verwertbare Inventar

wurde verkauft, der Rest verschrottet. Die Mitarbeiter wurden von der Grube Meggen eingestellt[82].

Schwerspatabbau in der Grube Altenberg

Die Angaben stammen aus der Betriebsakte der Gewerkschaft Melusina, einem Schwerspatbergwerk aus Saalhausen, das nach Einstellung des Betriebes in Saalhausen, den Betrieb in Elben neu eröffnete.[83] Ergänzt werden sie durch die vorher recherchierten Informationen[84].

Der früher als Gangart in der Grube Wilsmicke auftretende damals nicht beachtete Schwerspat war von guter Qualität. Das geförderte Rohprodukt wurde gemahlen und dann verkauft. Das Material war in der Industrie begehrt und konnte sowohl im Inland als auch im Export abgesetzt werden.

Da Schwerspat nicht unter das allgemeine Berggesetz von 1865 fiel, war es an den Grundstückseigentümer gebunden. Daher mussten die Abbaubetriebe hier einen Vertrag mit dem Waldbesitzer, der Jahnschaft Elben abschließen. Für den untertätigen Abbau war trotzdem das Bergamt zuständig auch da die alten vorhandene Stollen genutzt wurden.

Bereits in den 20iger Jahren des 20.Jahrhunderts hatte es im Bereich der Grube Wilsmicke Schwerspatabbau gegeben, der durch die Kali-Chemie durchgeführt wurde. Der Gang war ehemals durch die Erzgruben abgebaut, aber wegen fehlender Ergiebigkeit eingestellt worden. Da die Gangart aus Schwerspat bestand, konnte die Gangspalte in einer Mächtigkeit von 1,00 - 2,00 m gewonnen werden. Nach der Stilllegung übernahm Ferdinand Damaris den Betrieb und konnte bis 1935 den Betrieb aufrechterhalten. Dann kam durch Boykott der Regierung des Dritten Reiches der Absatz zum Erliegen und der Betrieb musste eingestellt werden.

1941 wollte die Gewerkschaft Elisenglück in der Grube Altenberg Schwerspat gewinnen. Es wurde jedoch keine Einigung über die Nutzung des Grubengebäudes erzielt[85].

1947 wurde der alte Betrieb unter dem Namen im Wilsmicker Stollen durch die Gewerkschaft Melusina aus Saalhausen wieder aufgenommen, deren Repräsentant Ferdinand Damaris war. Die Gewerkschaft gehörte jedoch der Gesellschaft "Rheinisch-Nassauische Schwerspatgruben und Mahlwerke" in Köln.

Für die Betriebsaufnahme war nun auch die Zustimmung der Besatzungsmacht durch die "British Control Comission" nötig, die nach Prüfung diese in Form des sogenannten "Kleinen Permit" erteilte Die lokalen Einrichtungen legten dem Betrieb jedoch von Anfang an jegliche möglichen Steine in den Weg. Durch die Genehmigung des

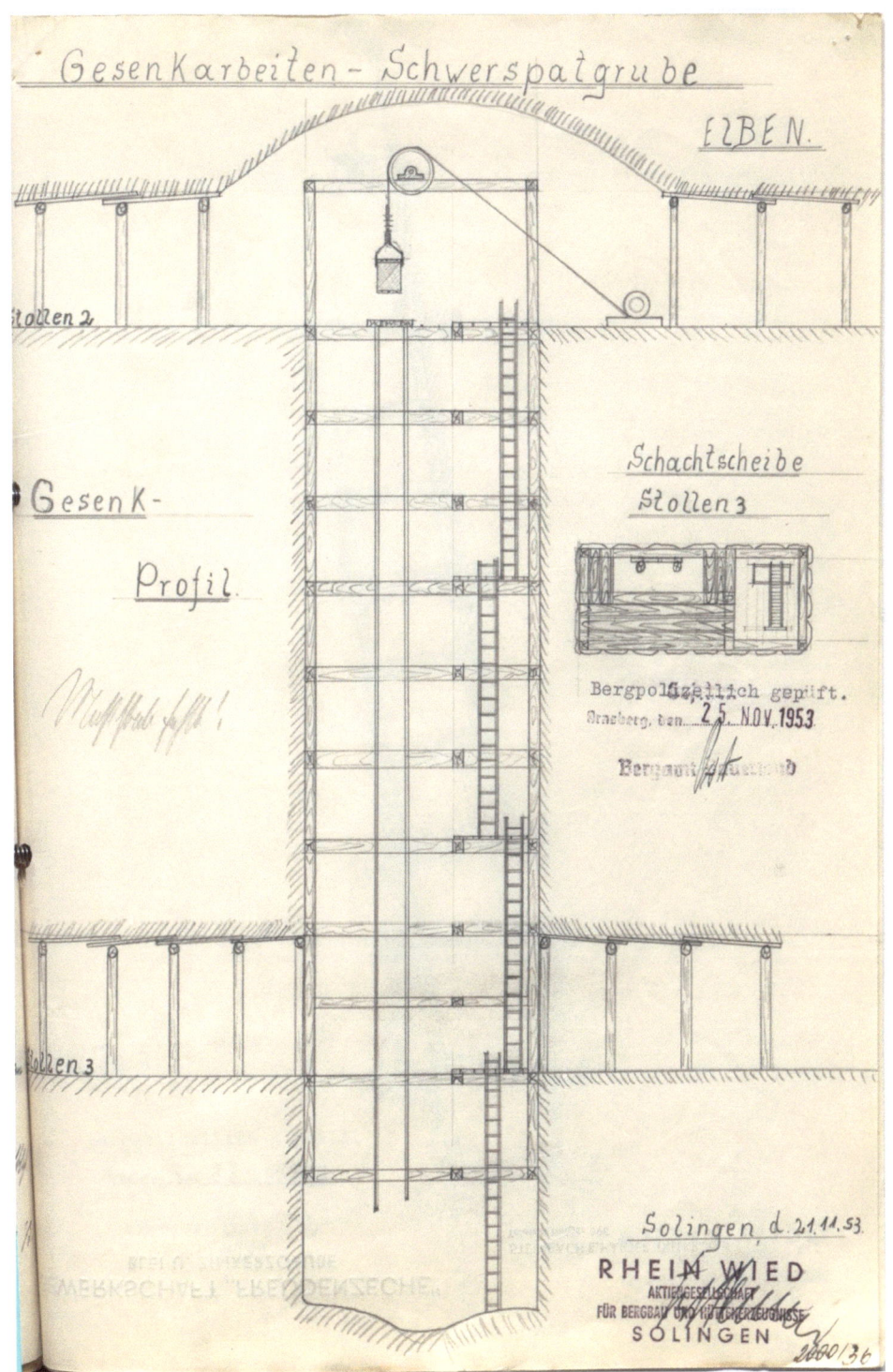

Abb. 17:
Gesenkprofil 1 der Schwerspatgrube Elben im Jahre 1953. LVA NRW Bergämter Nr 11952.

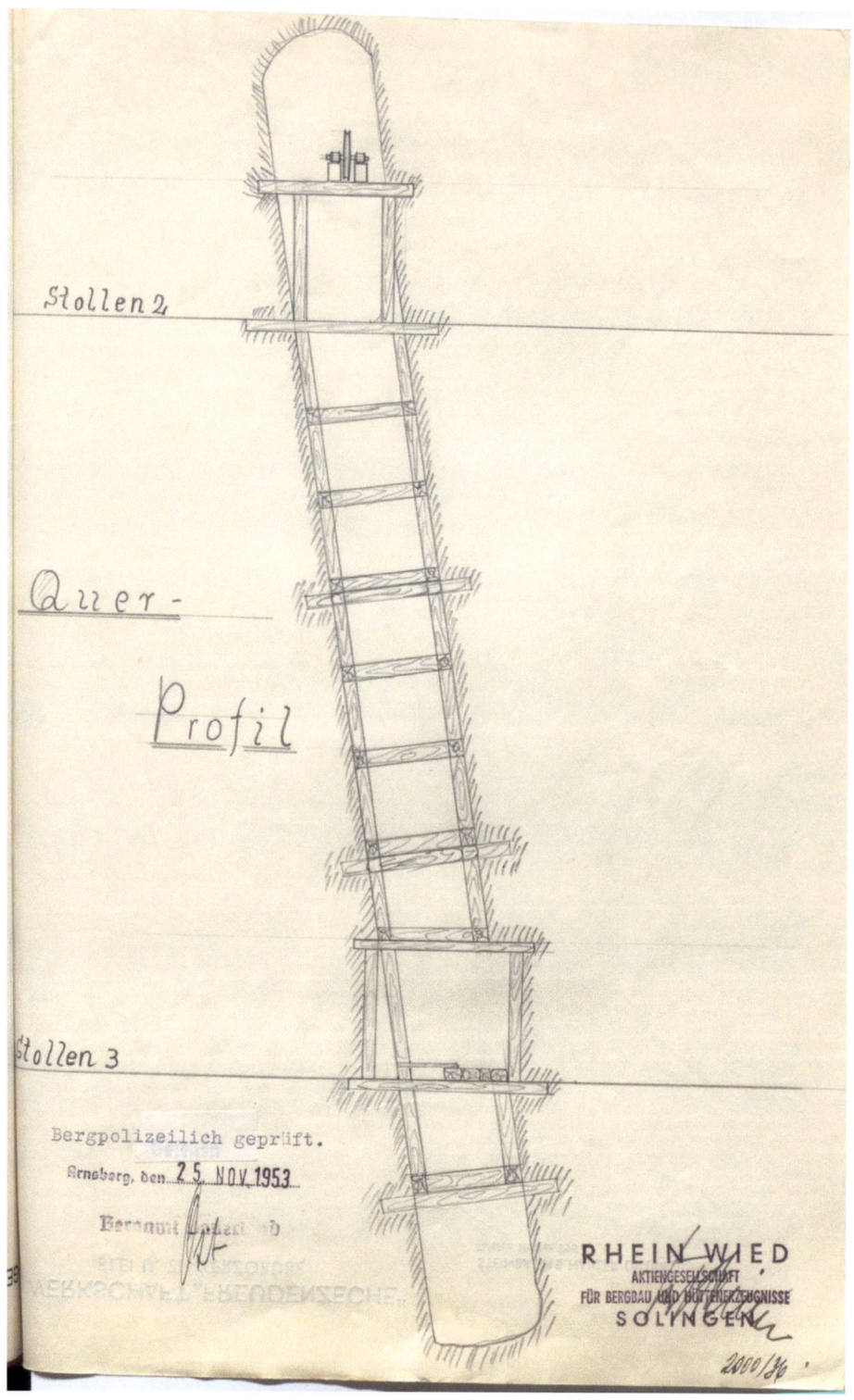

Abb. 18:
Gesenkprofil 2 der Schwerspatgrube Elben im Jahre 1953. LVA NRW Bergämter Nr 11952.

Bergamtes konnte jedoch auch der unterirdische Betrieb aufgenommen werden, da der hier gewonnen Schwerspat andere Qualitäten hatte als in den Konkurrenzbetrieben und daher andere Abnehmer fand.

Es wurden nun die 3 Stollen der Grube Wilsmicke wieder aufgewältigt. Der Betrieb auf 0dem Hauptgang ging zwischen Oberer Stollen und Mittelstollen in einiger Entfernung vom Mundloch um.

1950 kam der Betrieb ins Stocken und wurde durch das Arbeitsministerium stillgelegt. Die Spar- und Darlehenskasse hatte den Kredit gekündigt, da die Raten nicht regelmäßig

gezahlt wurden. Die Gewerkschaft war durch Betriebsschwierigkeiten in Geldnot gelangt. Durch eine Patentanmeldung eines Bohrhammer-Einspanngerätes versuchte Damaris Kredite aufzutreiben, um den Betrieb wieder aufzunehmen. 1951 wurde der Betrieb wieder mit 9 Arbeitern aufgenommen, jedoch wegen Lohnrückständen zum 7. November 1952 wieder eingestellt.

Zum 15. Januar 1953 ging der Betrieb an den Schrotthändler Karl Teich aus Solingen über, der die "Schwerspatgrube Gerlingen" von der Bank gekauft hatte. Er gab die Grube an die Rhein Wied AG für Bergbau- und Hüttenerzeugnisse weiter. Teich war hier Vorstandsmitglied.

Später kam noch der Untere Stollen oberhalb des Stauteiches dazu, der die Wilsmicker Gänge quer unterfuhr.

Um die Grube mit Strom schwunghaft zu betreiben, musste eine 400-m-Kraftleitung vom alten Transformator der Grube Altenberg zum Schwerspatbetrieb der Gewerkschaft Melusina hergestellt werden. Durch die Behinderung der örtlichen Ämter verzögerte sich dieses Vorhaben konnte jedoch endlich realisiert werden.

Nach Reparatur des Stollens wurde der Abbaubetrieb zwischen dem Unterstollen und Oberen Stollen aufgenommen.

Der Abbau wurde schwunghaft betrieben und schon bald waren die oberen Partien verhauen. Durch Aufschlussarbeiten in der Tiefbausohle und den unteren Stollen wurde ein weiteres Schwerspatmittel angefahren, das aber nur 10 - 80 cm mächtig und damit nicht abbauwürdig war. Der Hauptgang war noch in einer sehr edlen Qualität und Mächtigkeit von 1,00-3,00 m abbaubar.

Zum Ende des Jahres wurde der Betrieb wieder unter dem Namen "Grube Elben" mit 4 Mann aufgenommen. Es wurde ein Gesenk unter dem Unterstollen im Spatgang angefangen, welches bis zum oberen Stollen verlängert werden sollte, um dort die vorhandenen Anlagen für die Förderung und das Mahlwerk zu nutzen. Dies konnte jedoch wegen des vorherigen Raubbaues nicht durch den Alten Mann ausgeführt werden. Am tonnlägigen Fördergesenk wurde ein Lufthaspel mit Gradzahnmotor aufgestellt. Die Förderung geschah mit einem 80-Liter-Kübel (Siehe Bild 16+17). Es wurde nun der restliche Schwerspat zwischen Unterstollen und Gesenksohle restlos abgebaut.

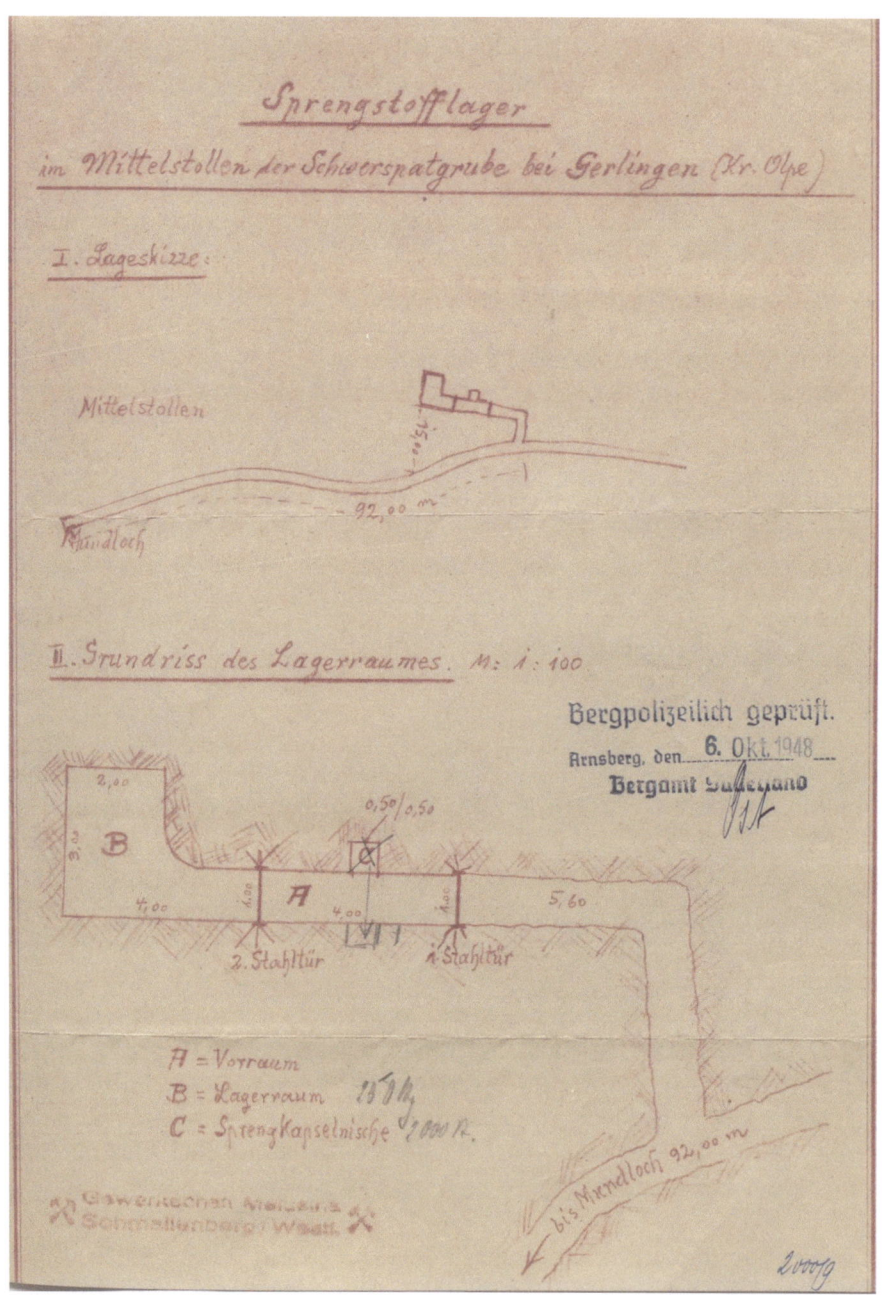

Abb. 18: Grundriss des Sprengstofflagerraumes im Jahre 1948. LAV NRW Bergämter Nr 11952.

Abb. 20: Verbrochener Oberer Stollen der Grube Mittlere Sange. 2014

Abb. 219: Halden der Stollen von Mittlere Sange. 2014

Abb. 20: Verschlossener Wilsmicker Stollen später Unterer Stollen der Schwerspatgrube Elben. 2014

Abb. 23: Tagebau im Feld der Grube Wilsmicker Gemeinschaft später Schwerspatgrube Elben. 2007

Abb. 24: Grubenfeld der Wilsmicker Geemeinschacht mit den alten Längenfeldern. Ausschnitt aus Königliche Geologische Landesanstalt Berlin. Gangkarte des Siegerlandes 1 : 10 000 Berlin. 1906 - 1911. Blatt Olpe.

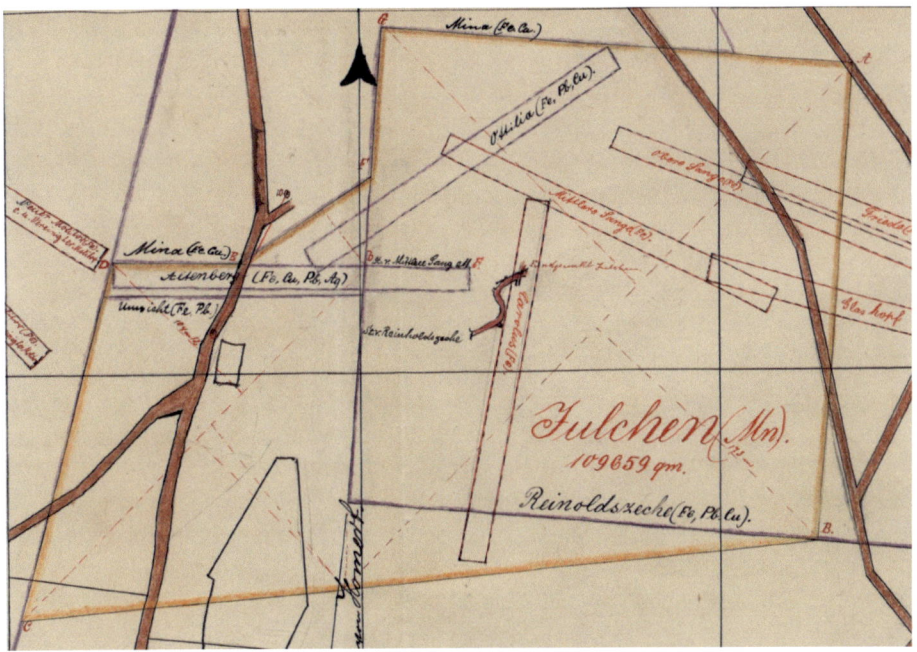

Abb. 25: Ausschnitt aus dem Situationsriß der Verleihung Mangenerzgrube Julchen 1912. LAV NRW Bergämter Nr 16724

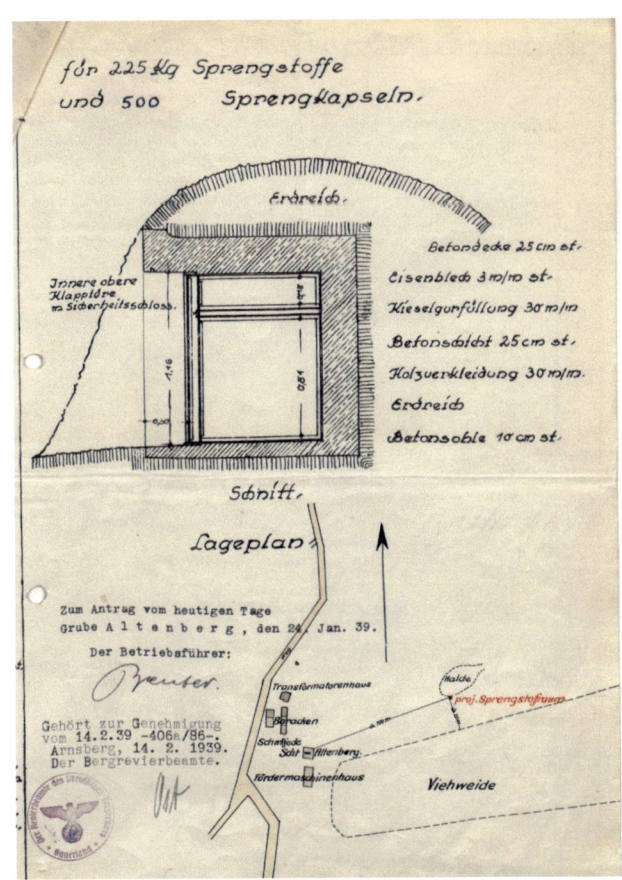

Abb. 21: Zeichnung und Schnitt zum Projektierten Sprengstoffraum der Grube Altenberg 1939. LAV NRW Bergämter Nr 12783.

Im Frühjahr 1956 wurde der Betrieb der Grube Elben gestundet und dann eingestellt. Der Betrieb sollte zur Grube Altenberg verlegt, der Schacht hierfür aufgewältigt werden. Dies kühne Vorhaben wurde jedoch nicht verwirklicht.

Nach dem Verschluss aller Stollen gemäß bergamtlicher Auflagen interessierte sich 1957 die Kali Chemie wieder für die Grube. Der Grund war der seinerzeit hohe Schwefelgehalt von 8-9 %. Der Pachtvertrag war schon entworfen, wurde jedoch nicht unterschrieben. Erst 1980 war die Schwerspatgrube Elben nochmals im Sichtfeld der Rohstoffproduzenten. Es interessierten sich die Quarzwerke Frechen und die Briloner Kalkspatwerke für eine Betriebsaufnahme. Dann erlosch das Interesse aber wieder.

Ausgang gesucht. Damit endet die Geschichte des Bergbaues in Elben. In den folgenden 80iger Jahren meldete sich der Bergbau wieder in Form von Bergschäden. Sowohl im Bereich der Schwerspatgrube als auch im Bereich der Grube Altenberg. Bei letzterer tat sich in einem Fischteich ein Tagesbruch auf – der Teich lief leer. Dann kam es im Bereich des Mundloches zu einem Tagesbruch mit Überflutung. Durch eine wilde Abfallkippe im Stolleneinschnitt war der Abfluss aus dem Wilsmicker tiefer Stollen verstopft worden und nach der Schneeschmelze hatte sich das Wasser einen neuen

Die Schlammmassen ergossen sich über die Wiese eines Anwohners. Der Bergschaden wurde reguliert, das Mundloch aufgeräumt und neu gefasst[86]. So fließt hier auch heute noch das Grubenwasser aus der Grube Altenberg sicher ab.

Bildnachweis:

1; OpenStreetMap
2,3,4,11,13,20,21,22: Oliver Glasmacher
5,10: LÖHNEYSS
6,12,15,16,26: LVA NRW Bergämter Nr 12783
7: Sammlung J.S.
8: LVA NRW Bergämter Nr 17776
9: LVA NRW Bergämter Nr 14700
14: RUEGENBERG, S. 12
17,18,19: LVA NRW Bergämter Nr.11952
23: Mario Watzek
24: Gangkarte des Siegerlandes, Blatt Olpe
25: LVA NRW Bergämter Nr.16724

Verzeichnis der ungedruckten Quellen:

Bergbau-Archiv am Deutschen Bergbau-Museum Bochum (BBA)
Bestand 1, Nr. 212 Grubenkomplex am Altenberg

Landesarchiv Nordrhein-Westfalen, Abteilung Rheinland, Münster (LAV-NRW W)
Bergämter 10977 Vierjahresplan
Bergämter 10991 Vierjahresplan
Bergämter 11952 Melusina
Bergämter 12609 Zweiter Molitor
Bergämter 12777 Wilsmicker Gemeinschaft

Bergämter 12783 Altenberg
Bergämter 14508 Altenberg
Bergämter 14639 Christian
Bergämter 14643 Carolus
Bergämter 14670 Baptistenzeche
Bergämter 14700 Ernst III
Bergämter 14771 Glaskopf
Bergämter 14788 Friede
Bergämter 16724 Julchen
Bergämter 16689 Hermine I
Bergämter 16694 Hermine
Bergämter 17466 Umsicht
Bergämter 17675 Reinholdszeche
Bergämter 17704 Molitor IV
Bergämter 17741 Obere Sange
Bergämter 17750 Mina
Bergämter 17751 Ottilia
Bergämter 17772 Molitor III
Bergämter 17773 Mittlere Sange
Bergämter 17776 Olpe (modo Glücksstern)
Bergämter 17778 Molitor V
Forstamt Olpe Nr. 46
Großherzogtum Hessen VII B Nr. 5

Stadtarchiv Olpe (StA Olpe)
Bestand Hamann Nr. 6 Grube Reinholdszeche 1858-1859
Bestand Hamann Nr. 10 Grube Reinholdszeche 1859-1916

Westfälisches Wirtschaftsarchiv Dortmund (WWA)
F1 Nr. 772 Verkauf Grundstück zur Anlage einer Wäsche 1833
F1 Nr. 785 Olper Revier 1811/22
F1 Nr. 140 Arbeitsnachweise Olper Revier 1833-1835
F1 Nr. 316
F1 Nr. 510 Kosten Gewinnung auf den Gruben Johannisberg und Altenberg bei Olpe 1815
F1 Nr. 634 Betriebskosten Altenberg
F1 Nr. 759 Antrag auf Generalbefahrung Molitor
F1 Nr. 780 Arbeitsberichte für die Zechen Paul, Molitor, Johannesberg und Rhonard
F1 Nr. 913 Anschnitt Molitor

Archiv der Thyssen Krupp AG (TKA)
Vst Nr. 5842 Ver. Molitor
Vst Nr. 5844 Altenberg-Molitor
Vst Nr. 5847 Altenberg-Molitor
Vst Nr. 5853 Elisenglück
Vst Nr. 5855 Reparaturen
Vst Nr. 5857 Elpertshagener Vereinigung

Verzeichnis der gedruckten Quellen und Literatur:

Ahrens, Ralf /Frei, Norbert/ Osterloh, Jörg. 2009:
Flick - Der Konzern, die Familie, die Macht. München.

Brosowski, Boris. 1994:
Grundzüge der Industrialisierung im südlichen Sauerland in der 2. Hälfte des 19. Jahrhunderts. Olpe.

Eversmann, Friedrich A. 1804:
Übersicht der Eisen- und Stahl-Erzeugung auf Wasserwerken in den Ländern zwischen Lahn und Lippe Dortmund

Fenchel, W. 1975:
Die Sideriterzgänge im Siegerland-Wied-Distrikt. Hannover.

Gebhardt, Gerhard. 1957:
Ruhrbergbau. Geschichte, Aufbau und Entflechtung seiner Gesellschaften und Organisationen. Essen.

Glasmacher, Oliver. 2008:
Erbstollenrecht. Bochum.

Jolk, Michael. 2010:
Johann Baptist Molitor (1702-1768) und sein unvollendetes "Lexicon Schnellenbergo Furstenbergicum" von 1751 in: Südwestfalen-Archiv 2010, Arnsberg S. 106-120.

Kaufmann, Karl Heinz. 1992:
Friedrich Harkort in: HSO , Heimatstimmen aus dem Kreis Olpe 1992 S.39 ff

Kaufmann, Karl Heinz. 1995:
Chronik der Wendener Hütte, Wenden 1978. 3. Auflage 1995.

Klinsmann, Luise. 1984 :
Die Industrialisierung Lübecks, Lübeck.

Köhne, Reinhard / Reininghaus, Wilfried 2008:
Berg-, Hütten- und Hammerwerke im Herzogtum Westfalen im Mittelalter und in der frühen Neuzeit. Münster.

Königliche Geologische Landesanstalt Berlin (Hrsg.)
Gangkarte des Siegerlandes 1 : 10 000 Berlin. 1906 - 1911. Blatt Olpe.

Löhneyß, Georg Engelhard von 1690
Gründlicher und außführlicher Bericht Von Bergwercken. 1690

Meintz, Peter. 1988:
Das Kölnische Heck im Raum Wenden-Freudenberg. Olpe.

Merk, Gerhard: 1989

Oberbergmeister Johann Heinrich Jung
(1711 - 1786) ; ein Lebensbild. Kreuztal.

Nose, Karl Wilhelm von. 1792 :
Beyträge zu den Vorstellungsarten über vulkanische Gegenstände. Frankfurt.

Oberbergamt Bonn (Hrsg.), 1890:
Beschreibung der Bergreviere Arnsberg, Brilon und Olpe sowie der Fürstenthümer Waldeck und Pyrmont. Bonn.

Richtering, Helmut. 1979 :
Christian Franz Dietrich von Fürstenberg (1689-1755), in: Fürstenbergische Geschichte, Bd. 4. Die Geschichte des Geschlechtes Fürstenberg im 18. Jahrhundert, Münster. S. 27-53

Ruegenberg, Horst. 1987
Das Olper Land im Aufbruch. Olpe.

Scheele, Norbert. 1955:
Vom Bergbau im Amte Wenden im vorigen Jahrhundert in: HSO , Heimatstimmen aus dem Kreis Olpe 1955

Scheele, Norbert. 1959:
Art und Umfang des Bergbaues im Amte Wenden im 19. Jahrhundert, in: HSO , Heimatstimmen aus dem Kreis Olpe 34, 1959, S. 136-146

Scheele, Norbert. 1959:
Gerlingen in Vergangenheit und Gegenwart. in: HSO , Heimatstimmen aus dem Kreis Olpe 34, 1959, S. 182-186

Scheele, Norbert. 1970:
Verzeichnis der in Betrieb befindlichen Gruben, Hütten, Hämmer und Schieferbrüche (1808) in:: HSO , Heimatstimmen aus dem Kreis Olpe 68 1967 S. 182-186

Scheele, Norbert. 1970:
Quellen zur Geschichte des südlichen Sauerlandes in: HSO , Heimatstimmen aus dem Kreis Olpe 1970 S.176-184

Scheele, Norbert. 1972:
Der Bergbau im südlichen Kreise Olpe, 1816 (Beust) HSO , Heimatstimmen aus dem Kreis Olpe 1972, S. 39-43

Schöne, Manfred. 1982:
Ein Gutachten von 1800 über den Erzbergbau in der Olper Rhonard, in: HSO, Heimatstimmen aus dem Kreis Olpe 127 (1982), S. 80-87; 128 (1982), S. 135-143

Scherer, Wingolf. 1979:
Die Reichsfreiheit Burgholdinghausen unter Anselm Franz von und zu der Hees und seinen Erben (1722-1785), in: Siegerland 56 (1979), S. 140-156

Seeling, Hans. 1968
    Die Eisenhütte Hochdahl 1847-1912, Wuppertal.

Sönnecken, Manfred. 1959
    Grabungen auf dem Rennfeuerhüttenplatz „Wilsmicke" bei Gerlingen in : HSO, Heimatstimmen aus dem Kreis Olpe 34-37, 1959, 1-8

Sondermann, Dr. Franz. 1907 :
    Geschichte der Eisenindustrie im Kreise Olpe. Münster

Stockhausen, J. J. von. 1781:
    Verfassung und historische Nachrichten der Städte und Gerichte Olpe, Drolshagen und Wenden im Herzogtum Westfalen. 1781. [Olpe] In: HBO Jg. 7 (1930). S. 182-184

Watzek, Mario. 2013
    Die Wasserkünste der Grube Rhonard In: Olpe in Geschichte und Gegenwart Band 21 (2013), S. 29-36.

Zeitschrift für das Berg-, Hütten- und Salinen-Wesen in dem Preussischen Staate [ZBHSW]
    Bände 1863, 1865, 1873, 1874, 1878, 1880-1882, 1884, 1896, 1910, 1912

Oliver Glasmacher, 42, Bochum

Baukaufmann, Sachkundiger für Fachbetriebe nach WHG.
Erforscht seit seiner Jugend den Bergbau. Seit 2007 intensiv im Kreis Olpe mit Nicole und Mario Watzek. Montanhistorische Wanderungen und Vorträge. Mehrere Publikationen zum Bergbau im Sauerland und Ruhrgebiet. Über seine Seite http://www.alterbergbau.de werden Dokumentationen über Erforschungen des Bergbaues im Sauerland online zugänglich gemacht.

Kontakt zum Verfasser:

Oliver Glasmacher
Alte Bahnhofstraße 64
D-44892 Bochum
Tel. 0234-297628
Email: oliver@alterbergbau.com

---

[1] vgl. FENCHEL, Altenberger Gangzug bei Möllmicke in: Die Sideriterzgänge im Siegerland-Wied-Disktrikt, Hannover 1975, S.131.
[2] vgl. SÖNNECKEN.
[3] vgl. SONDERMANN S. 59.
[4] vgl. BBA 1-212 S.1ff, „Gerling-Gutachten" 1867.
[5] vgl. STOCKHAUSEN S. 183.
[6] vgl. STOCKHAUSEN S. 183-184 sowie MERK, Anhang I, S.98/99, dort heißt es in der Edition seiner Quelle: "Im Jahre 1762 lies Er auf eine Grube ohnweit der Stadt Olpe, wohin kein Aufschlag-Wasser zu bringen waren, auf der Gewerkschaft Kosten eine von ihm erfundene Windkunst errichten."

[7] vgl. STOCKHAUSEN S. 182-184.
[8] vgl. SCHEELE 1970 Quellen zur Geschichte des Südlichen Sauerlandes S, 177, Nr. 11,13,14.
[9] LAV NRW W Grossherzogtum Hessen VII B Nr. 5
[10] vgl. JOLK S. 107.
[11] vgl. SCHERER S. 164.
[12] vgl. RICHTERING, Seite 43, Fußnote 107a, 1751 wird das Fürstenbergsche Bergwerk auf dem Altenberg erwähnt.
[13] vgl. SCHERER, S.164.
[14] vgl. WWA, F1 Nr. 785, S. 14 Grubenbericht des Franz Gipperich ca. 1811 „vor 30 Jahren".
[15] LAV NRW W Grossherzogtum Hessen VII B Nr. 5
[16] vgl. WWA, F1 Nr. 785, S. 14 Grubenbericht des Franz Gipperich ca. 1811, „mit vielen Wasserkosten Eisenstein gewonnen".
[17] vgl. Beschreibung der Bergreviere 1890 S. 101.
[18] vgl. KAUFMANN 1993, S. 44.
[19] vgl. SONDERMANN S.138.
[20] vgl. ZBHSW 1863.
[21] LAV-NRW W Bergämter Nr. 14670.
[22] vgl. ZBHSW 1910.
[23] vgl. SCHEELE, Gerlingen in Vergangenheit und Gegenwart 1959, S. 31.
[24] ZBHSW 1912.
[25] LAV-NRW W Bergämter Nr. 16694 und 16689.
[26] vgl. NOSE S. 171/172.
[27] vgl. SCHEELE 1970, S. 176/77.
[28] vgl. NOSE S. 171/172.
[29] vgl. SONDERMANN.
[30] LAV-NRW W Bergämter Nr. 14508.
[31] http://www.wandern-auf-bergmannsspuren.de/grundstollen.html abgerufen am 26.12.2014
[32] vgl. NOSE S. 171/172.
[33] vgl. SCHEELE 1970, S. 177.
[34] LAV-NRW W Bergämter Nr. 14508, Schmidt 12.Februar 1826, Beschreibung der Grube.
[35] vgl. Mario Watzek: Die Wasserkünste der Grube Rhonard In: Olpe in Geschichte und Gegenwart Band 21 (2013), S. 29-36.
[36] SCHEELE 1970, S. 177.
[37] LAV-NRW W Bergämter Nr. 14508, Schmidt 12.Februar 1826, Beschreibung der Grube.
[38] LAV NRW W Grossherzogtum Hessen VII B Nr. 5
[39] WWA, F1, Nr. 785 Bericht des Franz Gipperich von ca. 1811.
und LAV-NRW W Bergämter Nr. 14508, Bericht des Schmidt von 1826.
[40] SCHEELE 1972, S. 42.
[41] LAV NRW W Bergämter Nr. 14508.
[42] LAV-NRW W Bergämter Nr. 12777 und 14508.
[43] LAV-NRW W Bergämter Nr. 12777 und 14508.
[44] LAV-NRW W Bergämter Nr. 14508.
[45] Vgl. Beschreibung der Bergreviere 1890 S. 208 wobei bach = keltisch micke entspricht.
[46] Vgl. Scheele, 1970, S. 177.
[47] LAV-NRW W Bergämter. 12777 .
[48] WWA, F1 Nr. 785, S. 15 Bericht des Franz Gipperich ca. 1821.
[49] WWA F1 Nr. 292 und 316, Auslagen für Mutungsfristungen der Grube Wilsmicke 1821
[50] LAV NRW W Großherzogtum Hessen VII B Nr. 5.
[51] LAV-NRW W Bergämter. 12777.
[52] Vgl. RUEGENBERG S. 370.
[53] Vgl. SCHEELE 1959 S.138/139
[54] BBA, Bestand 7 Nr. 494 Gutachten Geologe Henke 5.2.1941
[55] LAV-NRW W Bergämter Nr. 14508.
[56] vgl. ZSBWH 1863.
[57] vgl. ZSBWH 1865 und LVA-NRW W Bergämter 14508.
[58] Vgl. Borowski, S. 44.
[59] LAV-NRW W Bergämter. 12777.
[60] Im Falle einer Erbstollengerechtigkeit, wäre es die Pflicht der Erbstöllner, den Abfluß zu gewährleisten. vgl. Oliver Glasmacher, Erbstollenrecht, Bochum 2008.
[61] TKA, Vst Nr. 5853.
[62] Die Henrichshütte war 1874 von der Union AG übernommen worden. http://de.wikipedia.org/wiki/Henrichshütte
[63] LAV- NRW W Bergämter. 14508.
[64] ZBHSW 1874, „Der tiefe Wilsmicker Stollen ... ward auf 425 m erlängt und mit der tiefen Wilsmicker Grundstrecke zum Durchschlag gebracht".
[65] BROSOWSKI, S. 44.
[66] Die „Union Actiengesellschaft für Bergbau-, Eisen- und Stahlindustrie".
[67] LAV- NRW Bergämter. 14508, Erwerb von Kuxen an der Grube Altenberg und TKA Vst Nr. 5853.

[68] Hochdahl ist ein Ortsteil von Erkrath. Hochdahl liegt im Rheinland bei Düsseldorf.
[69] SEELING S. 60.
[70] Die Germaniahütte gehörte der Gewerkschaft Gabriel, Gerlach & Bergenthal. Das Meggener Eisenwerk lag in Altenhundem und gehörte dem Bergbau- u. Hütten-Actienverein Lenne-Ruhr, Hauptgewerke Börner.
[71] LAV-NRW W Bergämter Nr. 14508.
[72] TKA Vst Nr. 5857.
[73] KLINSMANN S. 97.
[74] TKA Vst Nr. 5857.
[75] StA Olpe, Bestand Hamann Nr. 6 + 10
[76] Deutsch-Luxemburgische Bergwerks- und Hütten AG hatte 1910 mit der Union AG fusioniert.
[77] Vgl. AHRENS 2009, S. 180ff.
[78] Vgl. AHRENS 2009, S. 104.
[79] LAV-NRW W Bergämter Nr 14508 vgl. Scheele, Norbert: Beiträge zur Geschichte des südlichen Sauerlandes S. 48.
[80] LAV-NRW W Bergämter Nr 10991.
[81] Vgl. Scheele, Gerlingen in Vergangenheit und Gegenwart 1959 S. 31.
[82] Vgl. Scheele, Gerlingen in Vergangenheit und Gegenwart 1959 S.31.
[83] LAV NRW W Bergämter Nr. 11952
[84] Vgl. Scheele, Gerlingen in Vergangenheit und Gegenwart 1959 S.31 und Jahrbuch des Bergbaues 1951,1952,1953,1954,1955,1956.
[85] TKA Vst Nr. 5853.
[86] LAV NRW W Bergämter Nr 12783.